MICHEL LEFEBVRE • MARKUS SCHÜRPF

PAUL SENN

Un fotógrafo suizo en la Guerra de España

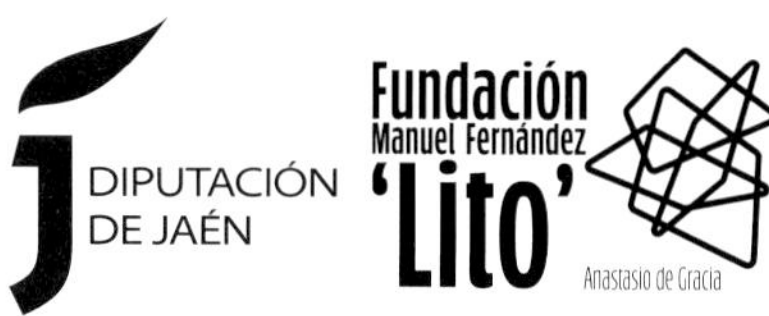
DIPUTACIÓN
DE JAÉN
Fundación
Manuel Fernández
'Lito'
Anastasio de Gracia

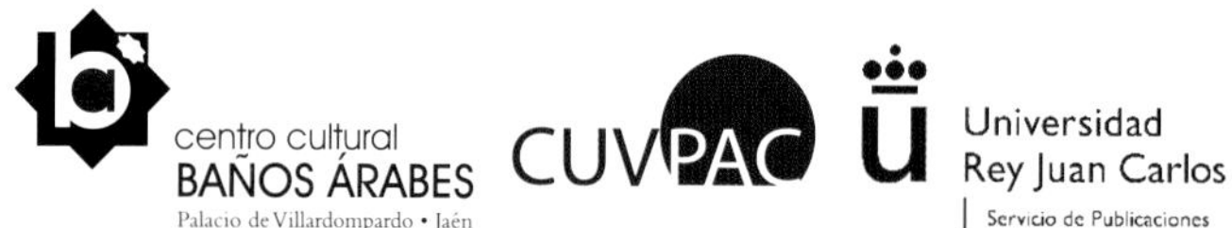
centro cultural
BAÑOS ÁRABES
Palacio de Villardompardo • Jaén
CUVPAC
Universidad
Rey Juan Carlos
Servicio de Publicaciones

CRÉDITOS DEL CATÁLOGO

Edita
Diputación de Jaén
Pl. de San Francisco, 2, 23071 Jaén

Fundación Manuel Fernández «Lito»
Calle Atalaya 29. 28002 Madrid

Universidad Rey Juan Carlos
Servicio de publicaciones
Paseo de los Artilleros, s/n. 28032 Madrid

Fotografías
Paul Senn

Textos
Michel Lefebvre
Markus Schürpf
Miguel S. Moñita (CUVPAC/URJC)
Uría Fernández (F. Manuel Fernández. «Lito»)
Tomás Zarza (CUVPAC/URJC)

Coordinación editorial
Miguel S. Moñita
Uría Fernández
Tomás Zarza

Diseño y maquetación
Ariadna Calvo

Imprime
Diputación de Jaén

ISBN
978-84-127083-7-0

DL
J100-2026

Nota del editor: los textos de Michel Lefebvre y Markus Schürpf proceden del catálogo orginal *Paul Senn. Un Photographe suisse dans la guerre d'Espagne et dans les camps français*, publicado en 2019, por el editorial Tohu-Bohu con ocasión de la exposicion celebrada en el Memorial del Campo de Rivesaltes.

CRÉDITOS DE LA EXPOSICIÓN

Organización y coordinación
Área de Cultura y Deportes de la Diputación de Jaén
Fundación Manuel Fernández «Lito»
CUVPAC-URJC

Presidente de la Diputación de Jaén
Paco Reyes Martínez

Diputada de Cultura y Deportes
África Colomo Jiménez

Fotografías
Paul Senn

Comisarios
Michel Lefebvre
Markus Schürpf

Comisariado adjunto
Miguel Sánchez-Moñita
Uría Fernández
Tomás Zarza

Diseño expositivo
Miguel Sánchez-Moñita

Coordinación técnica
Uría Fernández
Vicente Barba Colmenero
Anna Irina Pedroche

Copia
Colorex Lab

Enmarcado
Molding Maquetería

ÍNDICE

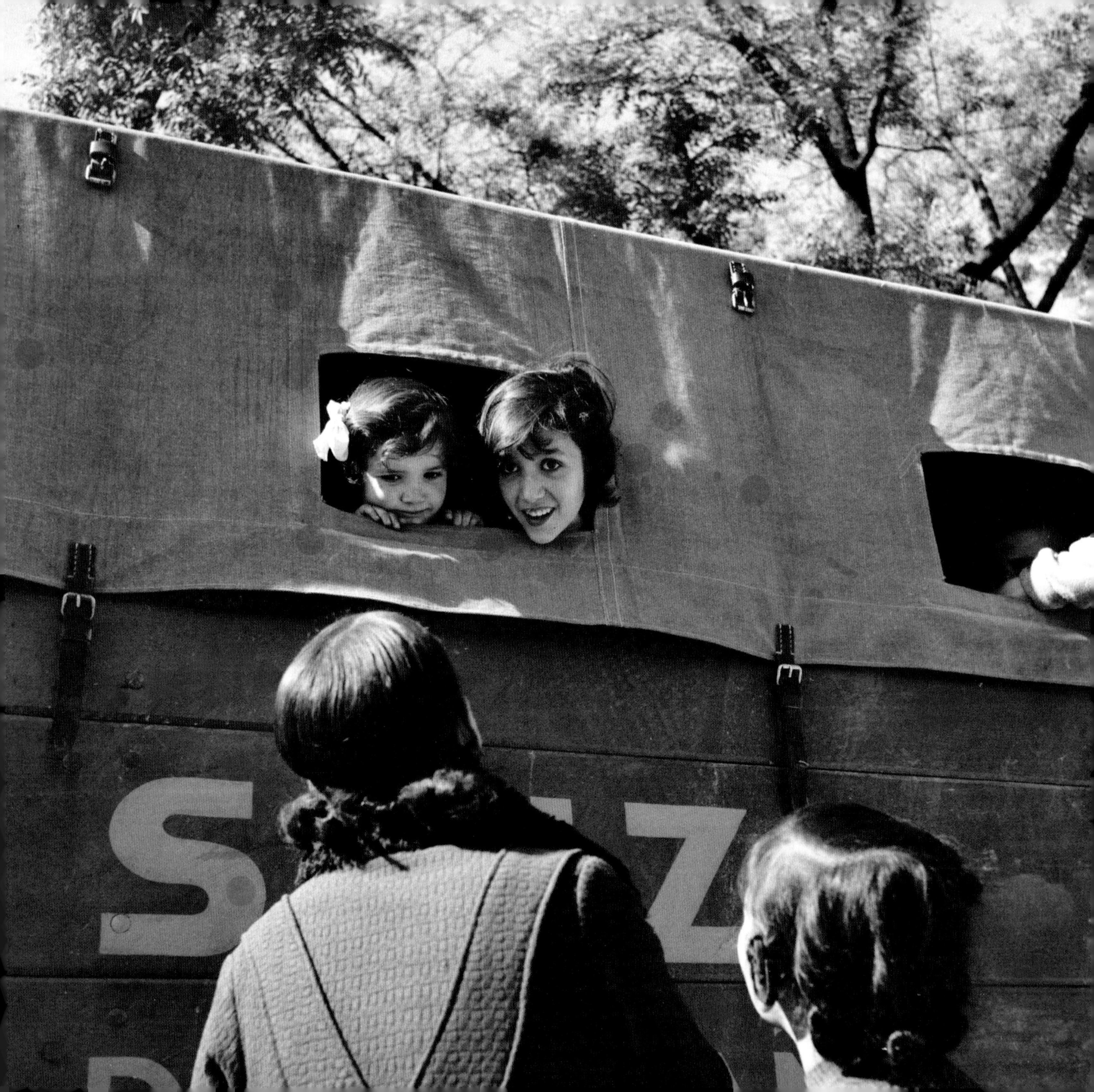

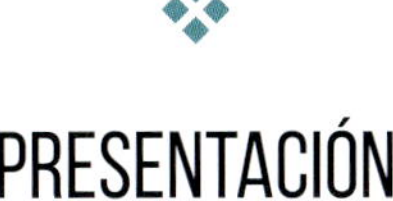

PRESENTACIÓN

Paco Reyes Martínez
Presidente de la Diputación de Jaén

La fotografía posee una extraordinaria capacidad para fijar la memoria de los pueblos. A través de una imagen es posible detener el tiempo, acercarnos a realidades que ya forman parte de la historia y comprender mejor acontecimientos que, aunque sucedieran hace décadas, siguen interpelándonos en el presente. Ese es precisamente el valor de la obra de Paul Senn, un reportero gráfico suizo cuya mirada humanista nos permite redescubrir episodios esenciales de la historia europea y, muy especialmente, de la historia de España.

La exposición que acoge el Centro Cultural Baños Árabes de Jaén nos ofrece la oportunidad de acercarnos al trabajo de este fotógrafo, relativamente poco conocido en nuestro país pese a la extraordinaria relevancia documental y artística de su obra. Durante los años treinta, en un contexto marcado por profundas convulsiones políticas y sociales en Europa, Senn recorrió distintos territorios con su cámara para dejar testimonio de la realidad de su tiempo, siempre con una sensibilidad especial hacia las personas y las consecuencias humanas de los conflictos.

En el contexto de la Guerra Civil española, Paul Senn fue testigo directo e inmortalizó hospitales improvisados, convoyes humanitarios, escenas de la vida cotidiana en medio del conflicto y, sobre todo, los rostros de hombres, mujeres y niños que se vieron atrapados por la contienda. Lejos del sensacionalismo, su fotografía transmite dignidad, cercanía y una profunda empatía hacia quienes padecieron sus consecuencias.

A través de medio centenar de fotografías, esta muestra permite adentrarse en esa mirada comprometida y profundamente humana de Paul Senn. Las imágenes documentan tanto las consecuencias del conflicto como la importante labor humanitaria desarrollada por organizaciones internacionales, especialmente la Ayuda Suiza a los Niños de España, que desempeñó un papel fundamental en la atención a la población civil durante aquellos años. Cada una de estas instantáneas constituye un testimonio de enorme valor histórico y humano que nos ayuda a comprender mejor la dimensión cotidiana de aquel dramático periodo de nuestra historia.

Desde la Diputación de Jaén nos sentimos especialmente satisfechos de acoger esta exposición en el Centro Cultural Baños Árabes, un espacio que se ha consolidado como un lugar de encuentro con la cultura, el arte y la reflexión histórica. De hecho, iniciativas como ésta refuerzan nuestro compromiso con la difusión del conocimiento y con la puesta en valor de proyectos culturales que invitan a mirar el pasado con una perspectiva crítica y consciente.

Esta muestra ha sido posible gracias al trabajo conjunto de la Diputación de Jaén, la Fundación Manuel Fernández «Lito» y la Universidad Rey Juan Carlos, una colaboración institucional que vuelve a poner de manifiesto cómo la suma de esfuerzos permite acercar al público propuestas culturales de gran interés y calidad.

Las imágenes de Paul Senn nos recuerdan que la historia no está formada únicamente por grandes acontecimientos, sino también por las personas que los vivieron. Mirarlas hoy es una forma de comprender mejor nuestro pasado y, al mismo tiempo, de reafirmar valores tan necesarios como la memoria, la solidaridad y la paz.

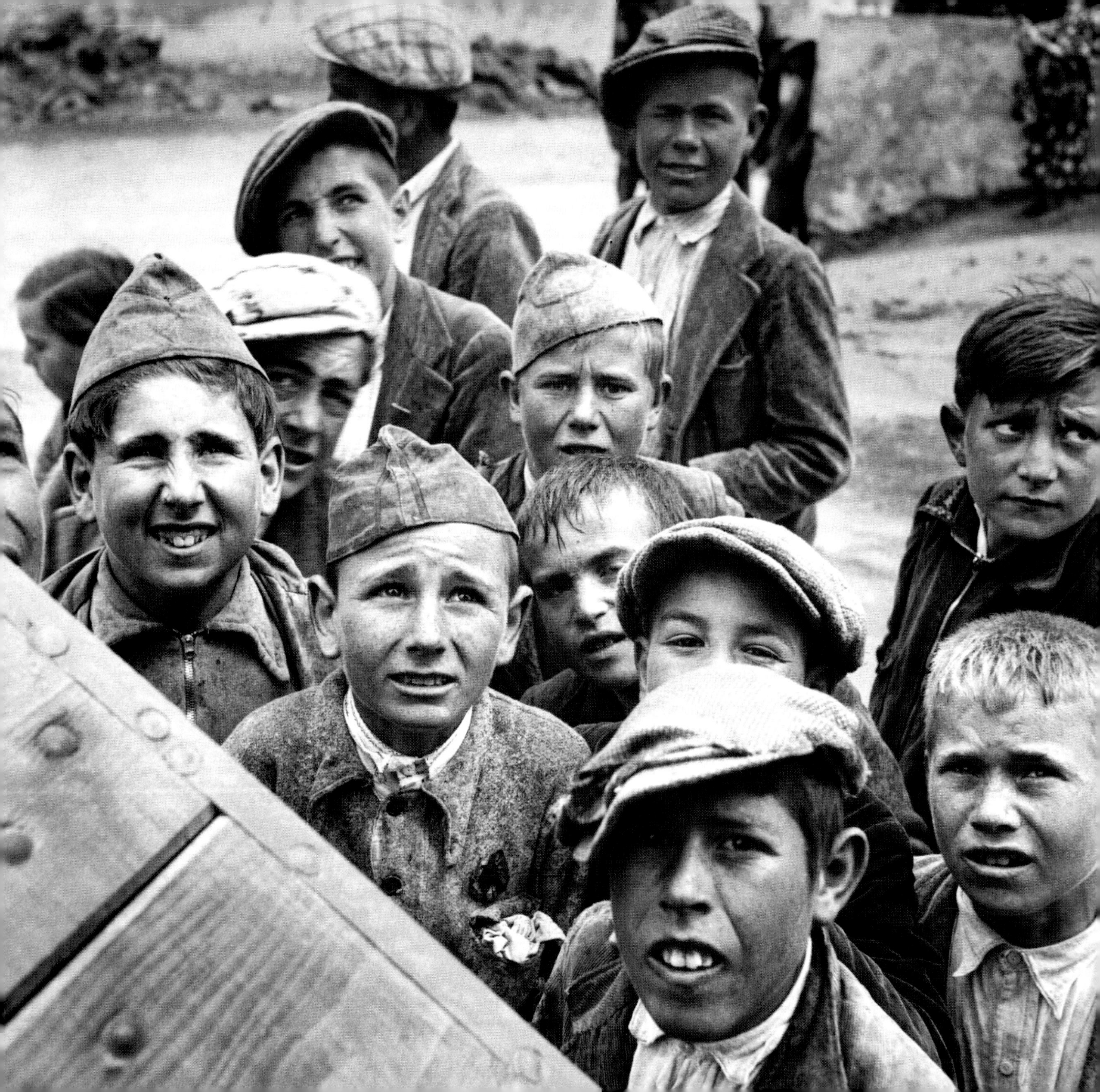

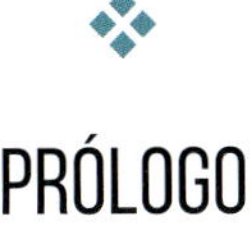

PRÓLOGO

Mariano Hoya Callosa
Presidente de la Fundación Manuel Fernández «Lito»

La Guerra Civil española fue, además de una tragedia nacional, un acontecimiento observado por Europa. En ese cruce de miradas se sitúa la obra de Paul Senn, fotógrafo suizo que retrató España desde lo humano: el frente y la retaguardia, la resistencia cotidiana y el exilio. Sus imágenes no solo informan; preservan una memoria que aún interpela.

Este catálogo acompaña la exposición «Paul Senn. Un fotógrafo suizo en la guerra de España» y quiere ser una herramienta de lectura, contexto y transmisión cultural, para entender lo ocurrido en el pasado.

En un tiempo de sobreabundancia visual, volver a Senn es recordar que la fotografía puede ser también responsabilidad: evita el efecto, se aferra a lo concreto y nos obliga a pensar la historia como experiencia vivida, a empatizar con los protagonistas de las imágenes.

Este legado fotográfico ha llegado hasta nosotros gracias a una custodia responsable: el archivo de Paul Senn, de la Gottfried Keller-Stiftung, fue depositado en 1982 en el *Kunstmuseum Bern*, en Suiza, y se conserva bajo la responsabilidad de la *Bernische Stiftung für Fotografie, Film und Video*.

La Fundación Manuel Fernández «Lito», entidad sin ánimo de lucro promovida por UGT-FICA, asume este proyecto como parte de su compromiso con la recuperación de la memoria democrática, en el marco del *Festival Robert Capa estuvo aquí*. Para nosotros es un honor y un orgullo poder presentar, por primera vez en nuestro país, la obra completa de Paul Senn vinculada a la tragedia de la Guerra de España y al Exilio posterior.

Nada de ello habría sido posible sin la dirección intelectual de los comisarios Michel Lefebvre y Markus Schurpf. Reconocemos igualmente el trabajo de los comisarios adjuntos Miguel Sánchez-Moñita, Tomás Zarzar y Uría Fernández, cuya coordinación y cuidado han sido decisivos para que cada imagen encuentre su lugar y su sentido.

Agradecemos de manera especial a la Diputación Provincial de Jaén por acoger la exposición en el Centro Cultural Baños Árabes y por su contribución a la edición del primer catálogo en español dedicado a la obra de Paul Senn. Esa colaboración amplía el alcance del proyecto y lo sitúa en el espacio público que merece.

Este volumen nace con una doble vocación: honrar el rigor histórico y ofrecer al lector una guía clara para comprender el valor documental y cultural de estas fotografías, llamadas a permanecer como patrimonio común.

Que esta muestra se presente en Jaén es, además, una invitación a mirar desde el territorio: convertir la cultura en encuentro y abrir un diálogo intergeneracional sobre la memoria democrática, con la serenidad que exige el respeto a las víctimas y a los hechos.

Mención aparte merece el compromiso personal de Michel Lefebvre, cuya trayectoria como investigador y su vinculación con el movimiento memorialista de nuestro país ha hecho posible que esta obra llegue a España con la profundidad y el rigor debidos. Esta iniciativa es, en suma, una construcción compartida entre instituciones y personas que creen en la cultura como bien común y en la memoria como responsabilidad.

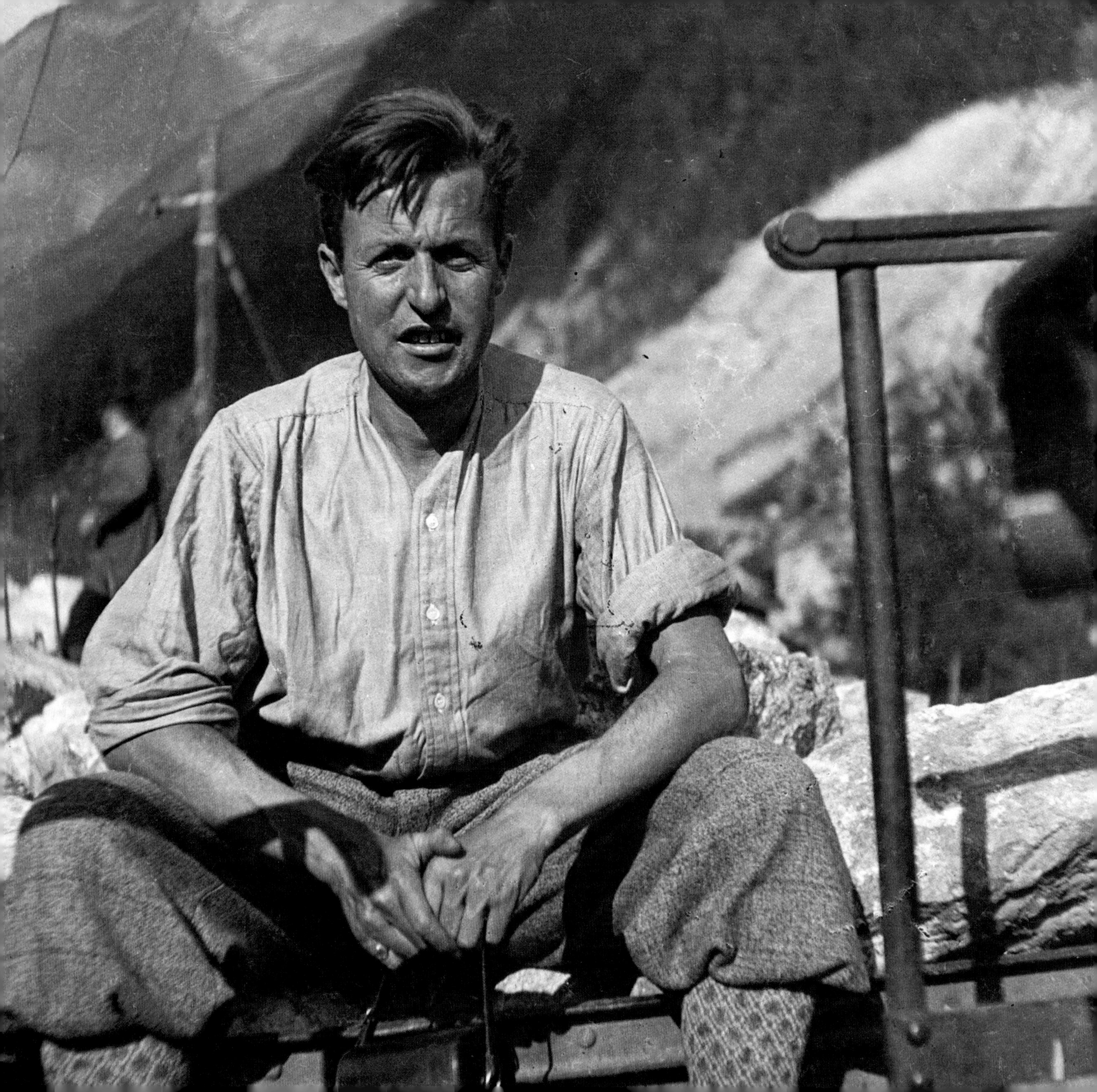

Paul Senn cubriendo un reportaje en Suiza, hacia 1930

LA CRISIS, LA GUERRA Y EL MILAGRO
LA CARRERA DEL REPORTERO GRÁFICO PAUL SENN

Markus Schürpf
Archivero del fondo documental Paul Senn. Fotobüro Berna

Siendo un país relativamente pequeño, Suiza ha producido, sin embargo, una notable cantidad de fotógrafos y reporteros conocidos más allá de sus fronteras, que han alcanzado un reconocimiento internacional.

Werner Bischof (1916-1954), por ejemplo, fue de los primeros en abandonar su país tras el aislamiento de la Segunda Guerra Mundial. Primero en Europa y posteriormente en Asia y en América, plasmó en fotografías la vida cotidiana de la gente y fue testigo de situaciones de crisis y de distintos escenarios bélicos. En 1949 se convirtió en el primer suizo miembro de la agencia Magnum. Cinco años más tarde falleció prematuramente, durante un reportaje en Perú.

Robert Frank, nacido en Zúrich en 1924, no adquirió la ciudadanía suiza hasta 1945, y emigró a los Estados Unidos poco después. Trabajó brevemente en la prensa, ayudó a organizar exposiciones de diversa índole antes de seguir su propio camino. Se le considera, hoy en día, uno de los fotógrafos más importantes del siglo XX.

Herbert Matter (1907-1984), instalado en los Estados Unidos desde antes de la Segunda Guerra Mundial, desarrolló una carrera como diseñador gráfico y fotógrafo; y, más adelante, Emil Schulthess (1913-1996) y René Burri (1933-2014) merecen también ser mencionados.

Emil Schulthess debe su celebridad a sus crónicas de viaje. René Burri trabajó a lo largo y ancho del mundo, publicando en distintos periódicos y revistas. Fue miembro corresponsal de Magnum en 1956 y, a partir de 1959, miembro de pleno derecho de la agencia.

El vínculo que une a estos fotógrafos suizos no es solo que su propio país de origen se les quedara pequeño. En distinta medida, comparten una visión humanista con otros reporteros activos en el mundo, para quienes el propio hermano de Capa, Cornell, acuñó en los años sesenta la expresión «fotografía comprometida» o «fotografía humanista» (concerned photography). Más allá de las exigencias estéticas o de las necesidades informativas de la prensa, situaban a las personas en primer plano. Son testigos oculares que documentan quejas y agravios políticos y sociales más allá del momento en que se denuncian, con la esperanza de que el cambio sea posible.

Paul Senn es un fotógrafo suizo a quien la calificación de «fotógrafo comprometido» le encaja como anillo al dedo, pero también ha sido injustamente olvidado por la historia de la fotografía internacional. En Suiza se le considera uno de los fotógrafos más importantes para el período que va desde 1930 en adelante: desde los años de entreguerras y la Segunda Guerra Mundial hasta su muerte, en 1953. Como sus colegas, trabajó para periódicos y revistas a los que ofreció fotografías de sus reportajes sobre la vida cotidiana. Sus imágenes plasman tanto sucesos importantes como episodios menores, además de acontecimientos deportivos y culturales. El Museo de Bellas Artes de Berna conserva sus archivos, que contienen unos 100.000 negativos, diapositivas, copias en papel y otros documentos. A lo largo de su carrera, de tan solo 23 años, se publicaron más de 1.500 reportajes en una cuarentena de periódicos y revistas; algunos de ellos, según se sabe, también aparecieron en el extranjero. Senn tenía su propia manera de enfocar los problemas y un estilo que distingue sus fotografías de las de otros reporteros. Es característico de las «imágenes de Senn» que combinen, a la vez, una escritura estética y una actitud —sobre todo una actitud— que lo convierte en precursor de los «fotógrafos comprometidos». Como puede leerse en una de las necrológicas publicadas tras su fallecimiento, era un periodista «de corazón cálido y bondadoso, un luchador siempre al lado de los débiles y oprimidos». En otra necrológica se decía, en términos casi idénticos: «Al ver sus reportajes, se percibía en la escritura de este fotógrafo que, como fotógrafo y como ser humano, poseía una rara obsesión por la verdad, además de un espíritu socialmente alerta y de gran rectitud».

Otro rasgo que distingue a Senn del periodismo suizo de su época es que, desde el principio, viajó al extranjero y realizó allí reportajes sin comparación con los habituales reportajes de viaje. Entre 1930 y 1952, etapa activa de su carrera periodística, solo hay constancia de tres años en los que, al parecer, no salió de Suiza. Antes del estallido de la guerra pasaba todos los años largas temporadas en Francia e Italia, países vecinos. Estuvo también en Gran Bretaña y en los Balcanes, en Grecia y en el norte de África. Tuvo, además, un vínculo especial con España, donde había trabajado como diseñador gráfico tiempo atrás. Algo poco frecuente: viajó por primera vez a los Estados Unidos antes del inicio de la Segunda Guerra Mundial. En 1946, tras la reapertura de las fronteras, y más adelante, en 1951, regresó a los Estados Unidos para largas giras de reportaje.

Resulta difícil explicar por qué Paul Senn no ha obtenido todavía reconocimiento internacional. Sigue siendo una referencia de primer orden en la tradición suiza, por ejemplo, en cuestiones tan delicadas y socialmente sensibles como la colocación de menores en familias de acogida: un tema que fue el primero en abordar ya en los años treinta y cuarenta, pero que no se trató ampliamente hasta épocas recientes.

Es prácticamente imposible escribir una biografía exacta de Paul Senn. Muchos detalles sobre fechas o acontecimientos —incluso los anotados por él mismo— son inexactos, contradictorios y a menudo erróneos. Salvo algunos pasaportes y algunas fotografías, no dejó documentos personales: ni diario ni cuaderno de notas, con la excepción de su viaje por América de 1946, cuya narración interrumpió. Solo subsisten sus reportajes, que se convierten así en la principal herramienta para investigar su vida, además de algunos testimonios dispersos de parientes y amigos.

Nació en 1901 en Rothrist, localidad del cantón de Argovia, de padres originarios de Berna; allí regresó con ellos y cursó toda su escolarización. Aunque se inclinaba por un oficio artístico, a los dieciséis años dejó la casa familiar para iniciar, animado por su familia, un aprendizaje como dibujante publicitario y montador de imágenes. Ya se percibía su deseo de una vida libre e independiente. Salvo en los últimos años de su vida, nunca se comprometió formalmente con nadie, pese a disponer de una extensa red de amistades; y, aunque era encantador y seductor, cultivó abundantemente las amistades femeninas.

Como contó a un periodista hacia 1940, al principio trabajó como montador de imágenes en Lyon durante poco más de dos años. Después pasó un tiempo similar en Basilea, ocupándose de la iconografía de los Basler Nachrichten. Fue en ese período cuando empezó a hacer fotografías: primero con una pequeña cámara de aficionado y, más tarde, con una cámara deportiva, como él mismo explicaba. Las únicas fotografías conservadas de esa etapa son imágenes de los campos de batalla de la Primera Guerra Mundial, probablemente tomadas durante un viaje de ida y vuelta en 1925.

No obstante, todavía no era el inicio de su carrera periodística. Una vez más, abandonó Suiza y encadenó pequeños empleos en distintos países. Sabemos con certeza que pasó temporadas en Italia y en España en 1925. A finales de los años veinte, regresó, sin embargo, a Suiza y abrió un estudio de publicidad, al tiempo que retomó su actividad fotográfica.

Al comienzo de la carrera de Paul Senn, todos los indicadores económicos estaban en rojo. Tras el «jueves negro» del 24 de octubre de 1929, estalló en todo el mundo una crisis cuyas consecuencias políticas y sociales influirían decisivamente en su trayectoria. Sin embargo, en pocos años logró consolidarse como fotógrafo. Los temas que abordaba como periodista, no obstante, se orientaron cada vez más hacia la tragedia y el drama. El aumento del desempleo hasta 1936 y el agravamiento de la situación política dominaron el período previo al estallido de la Segunda Guerra Mundial. La depresión económica se transformó en amenaza ideológica con la llegada del nacionalsocialismo alemán a las esferas del poder.

Vista hoy, la serie de fotografías que Senn tomó a finales de los años treinta en la estación de Berna es emblemática de aquellos años. Fiel a su estilo, Senn se mezclaba con la gente en la sala de espera y aguardaba pacientemente el instante de fotografiar, cuando las personas, sumidas en sus pensamientos, no percibían su presencia ni se distraían por el entorno.

La crisis, el paro y el fascismo fueron los temas dominantes de esos años. En paralelo, las revistas también abordaban asuntos más ligeros de la vida

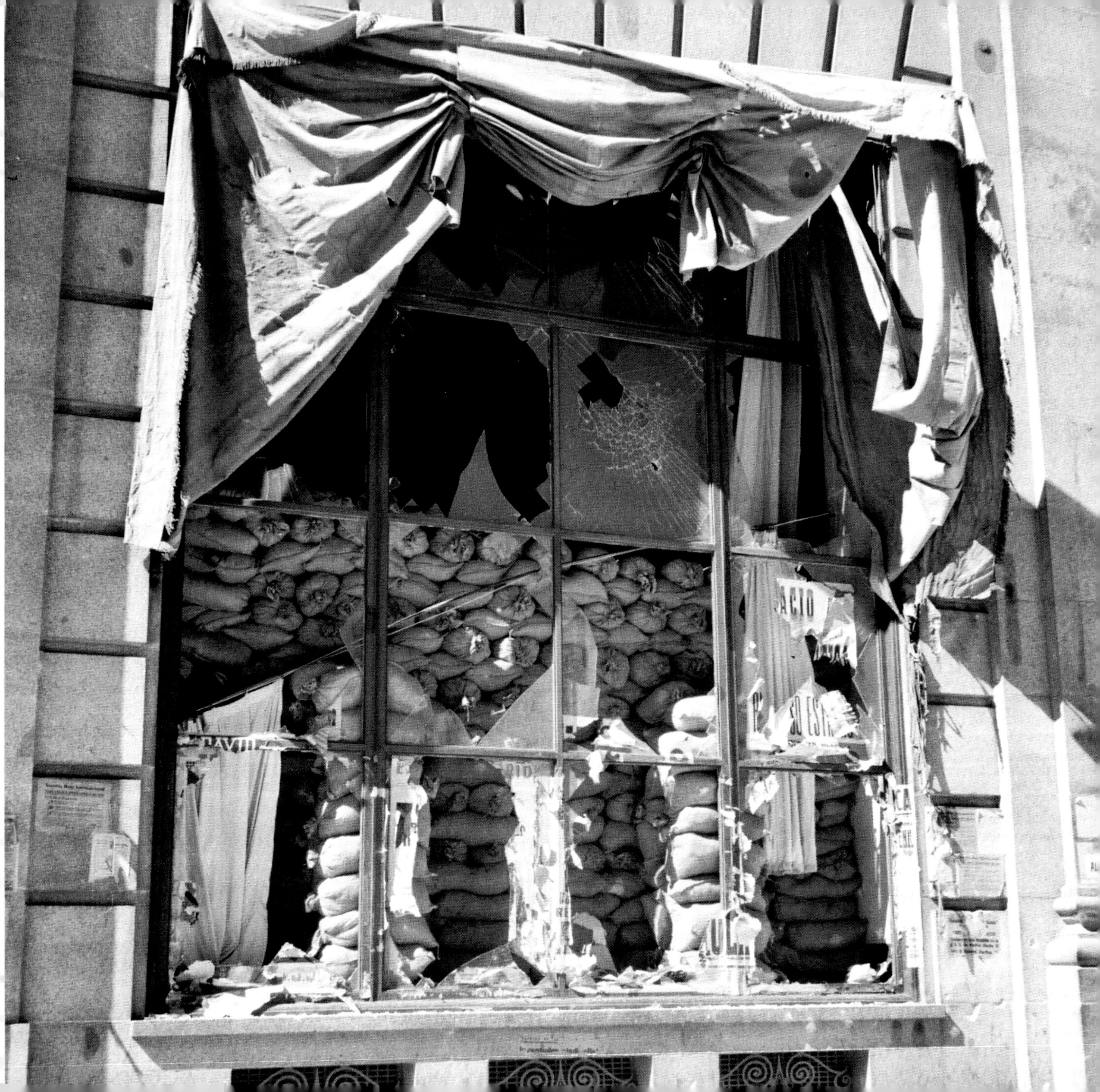

PAUL SENN, AL LADO DE LOS REPUBLICANOS

Michel Lefebvre
Comisario de la exposición - Periodista

¿Quién es Paul Senn? Durante dos décadas, de 1930 a 1950, su mirada incisiva fue testigo de una época trágica, durante la cual se desarrollaron el fascismo y el nazismo, seguidos de una posguerra de la que rescató algunos destellos de esperanza. Este reportero gráfico suizo dedicó su corta carrera a la prensa y a las revistas de su país. No fue un reportero de guerra, sino, más bien, un «reportero humanitario», un fotógrafo humanista, ante todo. Conocido en Suiza, pero completamente desconocido en Francia y España.

Un reportaje suizo en la edad de oro

Durante los años treinta, con la crisis económica como telón de fondo, con enfrentamientos sociales y violencia política, los fotógrafos suizos —entre los que cabe situar en primera línea a Paul Senn— informaban de la actualidad, Rolleiflex o Leica en mano, para una prensa ilustrada sumamente dinámica. Es la edad de oro del reportaje gráfico en Europa, y Suiza ocupó en ella un buen lugar, muy lejos del ambiente idílico de los deportes de invierno y los majestuosos lagos, del chocolate o de las enormes ruedas de queso. Al principio de su carrera, Paul Senn plasmó con empatía fotografías de trabajadores en el campo o en las fábricas, así como una manifestación obrera en Ginebra en 1932. Reprimida por el ejército, acabó en un baño de sangre con 13 muertos y 65 heridos. Sus reportajes sobre niños abandonados y acogidos en centros, o sobre campesinos que vivían en condiciones indignas, provocaron verdaderos escándalos.

Recorrió Europa, con especial predilección por España, adonde realizó diversos viajes antes del estallido de la guerra civil. Incansable en su apoyo a las víctimas de la guerra y del exilio españoles, regresó bajo las bombas en 1937, junto a sus amigos de la Ayuda Suiza, organización hoy poco conocida cuyo historial anticipa el de la ayuda humanitaria moderna. También fue testigo del éxodo del ejército francés hacia Suiza en junio de 1940, episodio hoy poco recordado. A partir de 1945, buscó por todo el mundo la alegría de la Liberación y la reconstrucción. En Francia, en Italia y, muy especialmente, en el continente americano, que recorrió de norte a sur, desde Canadá hasta México, deteniéndose, fascinado, ante el dinamismo y el colorido de Estados Unidos.

Los reportajes que centran la exposición del Memorial del Campo de Rivesaltes, sobre la Retirada en el invierno de 1939, y su conmovedor trabajo sobre los campos de internamiento bajo el régimen de Vichy en 1942 nos permiten descubrir a un reportero tan importante para la historia del fotoperiodismo como para la historia de España.

Rivesaltes: el descubrimiento de una mirada

La primera vez que oí hablar de Paul Senn fue preparando un artículo para *Le Monde* sobre la inauguración del Memorial del Campo de Rivesaltes en 2015. Para ilustrar el reportaje, el encargado de iconografía del periódico me comentó la existencia de una página web que reunía fotografías de un tal Paul Senn, suizo que permaneció en el campo de Rivesaltes a comienzos de 1942 con el fin de realizar un reportaje para la prensa helvética. Leyendo el testimonio de Friedel Bohny-Reiter, enfermera suiza presente en Rivesaltes entre noviembre de 1941 y noviembre de 1942, volví a pensar en esas fotografías, impactantes y conmovedoras. Este texto, descubierto por la historiadora suiza Michèle Fleury-Seemuller, fue publicado bajo el título Le Journal de Rivesaltes 1941-1942 (Diario de Rivesaltes 1941-1942)[1]. Con palabras sencillas y frases demoledoras, Friedel describe la vida cotidiana en el campo, la miseria, el hambre que acucia y, sobre todo, las mil y una argucias para impedir la deportación de los niños judíos, incluso a espaldas de las autoridades de la Cruz Roja, que preconizaban una «estricta neutralidad». Con la lectura de estas modestas crónicas diarias, uno puede imaginar lo vivido como si estuviera allí. Las imágenes de Paul Senn producen la misma sensación: provocan literalmente escalofríos.

El hallazgo de este testimonio y de estas fotografías aporta carne y sangre al memorial, monolito de cemento de Rudi Ricciotti. Las palabras de Friedel Bohny-Reiter y las fotografías de Paul Senn constituyen un testimonio perdurable por todos los niños encarcelados, hambrientos, maltratados y asesinados: los de ayer, los de hoy, los de mañana. Constituyen un milagro que recompensa a todos los que creen que el trabajo sobre la memoria permite afrontar el presente y preparar mejor el futuro.

Un archivo bajo tierra

Con la idea de profundizar, fui a consultar los archivos de Paul Senn conservados en Berna. Como tantos tesoros suizos, estos archivos se guardan en un refugio atómico del museo de Bellas Artes, al que se accede en ascensor. Dos niveles bajo tierra, detrás de una enorme puerta blindada, guardados en cajas de archivo grises, duermen decenas de miles de negativos. También conservan su Rolleiflex, algunas copias originales de pequeño formato con créditos de agencias americanas y carpetas con parte de sus reportajes. Estos archivos no están organizados: no hay, por ejemplo, negativos numerados y fechados por un lado y hojas de contacto o copias con los mismos números por otro, lo que habría permitido un análisis sencillo de su trabajo. Sin embargo, a partir de este material, a lo largo de décadas, distintos equipos de archiveros han intentado poner orden en el conjunto. Markus Schürpf dirige desde hace veinte años la página web photoCH[2], una enorme base de datos sobre la obra de los fotógrafos suizos. Esta página incluye las imágenes de Paul Senn y organiza algunas importantes exposiciones en Suiza.

Tras pasar un tiempo en la página dedicada específicamente al trabajo de Paul Senn[3], se aprecia la atracción que sentía por España y puede seguirse el hilo de sus viajes. Para construir esa página, los archivistas parten de las publicaciones aparecidas en la prensa y las comparan con los negativos que poseen. Con este procedimiento ha sido posible encontrar en los periódicos información precisa que faltaba: ¿en qué fecha se publicó este reportaje?, ¿de cuánto espacio dispuso?, ¿cómo y por quién fueron redactados los pies de foto?, ¿incluye citas?, ¿se recortaron las fotografías? Y un largo etcétera.

1 Friedel Bohny-Reiter, *Le Journal de Rivesaltes* 1941-1942, Chêne-Bourg, Éditions Zoé, 1993.

2 https://fr.foto-ch.ch/#/home

3 https://paulsenn.ch/

Solo con la lectura de esos periódicos es posible reconstruir el trabajo de Paul Senn y, más en particular, sus viajes a España. Recorriendo cronológicamente esas publicaciones, se constata su presencia en el país en varias ocasiones durante los años treinta, casi todos los años. Recorrió Andalucía de un extremo a otro y visitó Valencia, Madrid o Barcelona. Empático con la gente —cabe suponer que hablaba español—, realizó retratos de una fuerza conmovedora. Robert Capa decía que, para tomar buenas fotografías, hay que estar lo más cerca posible del sujeto. Paul Senn comprendió ese principio a la perfección, como se comprueba en sus imágenes. En esa línea, realizó un notable reportaje sobre las condiciones de vida y trabajo de los mineros del mercurio de Almadén.

Ayuda Suiza: solidaridad, propaganda y censura

En 1937 su carrera dio un giro. El *Zürcher Illustrierte* (ZI) lo envió a España, en plena guerra. En un número especial y bajo el título «Visiones de España», el periódico publicó hasta catorce páginas de su enviado especial. La redacción explicó su planteamiento en un largo texto: «El pasado mes de abril, cuatro pesados camiones, cargados de comestibles y ropa, partían de Berna en dirección a Valencia. En sus laterales, inscrito en grandes letras, se leía: «Ayuda Suiza a los niños de España». Estos camiones, actualmente, efectúan un servicio de enlace regular entre Valencia y Madrid, transportando víveres a la ida y regresando con mujeres y niños evacuados». Se trataba de una operación conjunta entre el periódico y la organización de socorro suiza destinada a recaudar fondos. El redactor del ZI especificaba que la misión suiza «necesita con urgencia, para proseguir su cometido, leche condensada, leche en polvo, harina para niños, chocolate para fundir, azúcar y también canastillas, ropa y dinero», y hasta proporcionaba un número de cuenta postal: 111/11444. La publicación mostraba la foto de su reportero y detallaba sus condiciones de trabajo: «Nuestro colaborador, al salir de Marsella, llegó a Valencia en avión. Mientras esperaba fue testigo de un bombardeo sobre Valencia. Con sus papeles en regla, se desplazó unos kilómetros hasta las afueras de la ciudad, a la sede de nuestra misión, y en dos ocasiones realizó el viaje de ida y vuelta por carretera de Valencia a Madrid. Al término de una estancia de tres semanas, regresaba por avión de Valencia a Toulouse, transportando su reportaje por valija diplomática». El uso de la valija diplomática es importante, porque significa que sus fotografías no pasaron por la censura. Durante el conflicto español, en ambos bandos, fotógrafos y periodistas tenían que declarar su presencia, y sus fotografías y textos debían someterse a censura previa para no revelar secretos militares.

En su tesis sobre la ayuda suiza a la España en guerra y en el exilio, Natascha Schmöller ofrece detalles sobre la creación de este organismo de socorro suizo: «La SAS (Schweizerische Arbeitsgemeinschaft für Spanienkinder), en español Ayuda Suiza para Niños Españoles o simplemente Ayuda Suiza, fue creada en marzo de 1937 y permaneció activa hasta 1940. Estaba compuesta por trece organizaciones. Además de la actividad de evacuación infantil, misión oficial que garantizaba su neutralidad, las organizaciones afiliadas desempeñaban muchas otras actividades:

4 *Zürcher Illustrierte*, 18 juin 1937.

5 Natascha Schmöller, *Recursos creativos en la ayuda humanitaria suiza hacia España y el sur de Francia (1937-1943)*, tesis doctoral, Madrid, Universidad Nacional de Educación a Distancia, 2019, p. 61

socorro sanitario, proporcionar ropa y víveres, hogar de niños, refugio para ancianos, comedor...».

Después del estallido del conflicto español en 1936, Suiza adoptó una política de neutralidad, aunque en realidad tomó claramente partido por la rebelión. Esta política profranquista suscitó no poco revuelo en el país y el Consejo Federal optó por medidas que sirvieran de contrapeso, particularmente en el terreno humanitario, como explica el historiador suizo Sébastien Farré: «Las autoridades suizas apoyan la reunión, a principios de 1937, de las principales instituciones caritativas helvéticas, con excepción de la Cruz Roja, en el marco de un cártel, el Comité neutro de acción para los niños de España, más conocido en España bajo la apelación de Ayuda Suiza. Este puede ser considerado como resultado de un compromiso político entre la izquierda moderada y el Consejo Federal: quedan excluidas del mismo las organizaciones comunistas, pero el cártel está dominado por personalidades prorepublicanas (especialmente la Obra suiza de ayuda obrera, socialista-OSEO)»[6].

La capital española sufría el asedio de cuatro columnas franquistas desde el invierno de 1936. El gobierno republicano se replegó y se trasladó a Valencia. La ciudad padecía bombardeos diarios y la situación era dramática para los civiles, en especial para los niños: todo escaseaba, médicos, medicinas, alimentos... Esta situación conmovió a los partidarios de la República española de todo el mundo. Se organizó un esfuerzo gigantesco de solidaridad. André Malraux —defensor infatigable de la República española en sus conferencias por Estados Unidos en 1937, comandante de la escuadrilla que llevó su nombre— se propuso, en cooperación con organizaciones de socorro americanas, financiar el envío de material médico para curar a los heridos. Estando en España, Malraux vio llegar las primeras ambulancias: «Recuerdo el estruendo de sus motores cubriendo los lamentos de los heridos». En un discurso fustigó a la Cruz Roja «que no ha hecho nada en siete meses». Y siguió: «Hay hombres sufriendo a cada hora de cada día. El pueblo americano debe mandar placas para rayos X y anestésicos para el cuerpo de ambulancias americanas. Es algo que depende solamente de ustedes y debe hacerse de inmediato»[7]. La campaña de Malraux dio sus frutos y el Medical Bureau americano envió material, médicos y enfermeras...

Otros países siguieron sus pasos, como el Reino Unido o Noruega. Las organizaciones militantes llevaron a cabo campañas y recaudaron fondos a favor de la causa republicana en sus países, como el Socorro Rojo Internacional, la Solidaridad Internacional Antifascista o el Comité Internacional de Coordinación e Información para la Ayuda a la España Republicana.

La iniciativa humanitaria de Suiza fue elogiada en su momento por la prensa republicana. La revista madrileña *Mundo Gráfico*, del 12 de mayo de 1937, publicó un reportaje sobre la ayuda suiza a los niños

6 Sébastien Farré, «Neutralité, non-intervention et non-immixtion: la politique étrangère suisse durant la Guerre civile espagnole (1936-1939)» en *Matériaux pour l'histoire de notre temps*, 2009/1 (n°93), páginas 87 a 93.

7 Citas sacadas del texto de Walter G. Langlois, «Un mois à New York», en André Malraux, *Les Cahiers de l'Herne* , París, Éditions de L'Herne, 1982.

españoles: «Ahora Suiza ha enviado cuatro camiones con víveres para nuestros chiquillos. Estos camiones, adquiridos por suscripción popular, serán destinados al servicio de evacuación. Estarán en viaje constante, desde Madrid a Levante y viceversa». El artículo venía acompañado de imágenes de estas expediciones: «En esta limpia mañana de primavera madrileña han partido de la ciudad los cuatro camiones, rumbo a Levante. Iban cargados de chiquillos que alegremente emprendían el viaje. Grandes letras, al costado de los vehículos, formaban los cuatro nombres simbólicos: Pestalozzi, Dunant, Wilson, Nansen. Los cuatro nombres eran, leídos uno tras otro en los cuatro camiones, como el afán y el sueño de una Humanidad mejor». Según estiman los especialistas, la Ayuda Suiza permitió la evacuación de hasta 16.000 niños de Madrid. En una publicación reciente, Gabriel Pétrus elogia la acción de las organizaciones suizas y, en especial, la de Rodolfo Ogliati: «Este joven italo-suizo llegó a Madrid a finales de 1936 mostrándose aterrado por la situación. Ogliati, como director de la Ayuda Suiza, trabajó en la evacuación de los niños madrileños. En mi opinión se trata de la persona más eficaz en el trabajo humanitario independiente en España durante la guerra civil y sus secuelas en Francia».

Después de su largo reportaje con la Ayuda Suiza en 1937, Paul Senn volvió a España al año siguiente. Publicó dos reportajes sobre los brigadistas suizos enrolados en defensa de la República española. Se encontraron por primera vez en noviembre, cerca de Barcelona, donde, retirados del frente, estaban a la espera de ser repatriados. Senn publicó una serie de retratos e insistió en sus trayectorias y sus regiones de origen; los textos al pie de las fotografías eran más bien favorables a los brigadistas. Un mes después, en los primeros días de 1939, un segundo reportaje mostraba a los mismos brigadistas, algunos heridos y tendidos en camillas, embarcando en Cervera en el tren que los llevaría desde Francia hasta Suiza.

Cuatro semanas después, Senn regresó. El 28 de enero de 1939 se encontraba en El Pertús, uno de los pasos fronterizos entre España y Francia. Decenas de miles de civiles se amontonaban en la frontera francesa, huyendo de las tropas franquistas por la carretera de la costa o por los caminos de montaña, cruzando los puertos nevados del Pirineo. En aquel riguroso invierno, hombres, mujeres, niños y ancianos, envueltos en mantas, cargaban con maletas y bolsas; los más afortunados iban en carro o en coche, la mayoría, a pie. El ejército republicano estaba en la más completa desbandada desde la caída de Barcelona, el 26 de enero de 1939. Ante la urgencia, las autoridades francesas acabaron por abrir la frontera a los civiles el 28 de enero y a las tropas a partir del 5 de febrero. Se calcula, según las distintas fuentes, que entraron en Francia entre 450.000 y 500.000 personas, en medio de un caos indescriptible: fue el éxodo más importante de esta primera parte del siglo XX. Muchas más seguirían. No fue el final de la guerra en España, pero sí el principio del fin para la República española, que se enfrentaba a fuerzas coaligadas en su contra desde el golpe de Estado del 17 y 18 de julio de 1936.

8 Citado por Cristina Escrivá Moscardó en *Colonias Escolares republicanas. España, 1936-1939*, contribución al simposio organizado por el ISCHE en 2012 en la Universidad de Ginebra.

9 Gabriel Petrus, La ayuda humanitaria en la guerra civil española 1936-1939, Historia, Grenade, Comares, 2015.

Puede compararse a Paul Senn con David Seymour-Chim por su manera de fotografiar a los niños y por el encuadre tan particular del 6×6, que dominaba a la perfección. Es comparable también con Roger Schall, por su sofisticada técnica y por la variedad de temas que trataba en las revistas. Podría incluso hablarse del «Capa suizo», en el sentido de practicar lo que el hermano de Robert Capa calificaba de «concerned photography», que suele traducirse como fotografía sociodocumental o fotografía humanista. Como Capa, Senn publicó para la prensa ilustrada de su país reportajes con una fuerte connotación social. Como Capa también, o como David Seymour-Chim, trabajó en el corazón de la tragedia española con organizaciones de apoyo que usaban sus fotografías para recaudar fondos. Como Capa, proporcionó fotografías y textos a los periódicos. En el número especial «Visiones de España», entre las páginas dobles ocupadas por los reportajes de Paul Senn, el ZI publicó también una doble página con fotografías de Robert Capa. ¿Se encontró Paul Senn con Robert Capa en la frontera francesa? En El Pertús hubo más de un centenar de periodistas y fotógrafos el 28 de enero, pero Capa, como Chim, no estaban allí ese día. Pudieron coincidir en jornadas posteriores.

Senn, como otros fotógrafos de este período, trabajaba principalmente para un medio, pero vendía también sus copias a agencias de prensa, que difundían las fotografías sin mencionar al autor. Así encontré una fotografía de Paul Senn durante la guerra civil española difundida de manera anónima por una agencia americana.

10 *Zürcher Illustrierte*, 18 de junio de 1937.

Las relaciones entre organizaciones humanitarias no gubernamentales y reporteros gráficos son muy reales: se fraguaron durante la guerra de España. La Universidad de Ginebra organizó en 2016 un coloquio con el título: «Le troisième combattant. L'action humanitaire durant la guerre civile espagnole et l'exil républicain» (El tercer combatiente. La acción humanitaria durante la guerra civil española y el exilio republicano). En su convocatoria, los organizadores presentaban así sus líneas de investigación: «Este coloquio propone repensar la guerra civil española y el exilio subsiguiente como un momento significativo en la cristalización del humanitarismo moderno. [...] Las numerosas organizaciones humanitarias movilizadas durante el conflicto, tanto las que fueron activas en los dos bandos como las dedicadas solamente a la asistencia al bando de los insurgentes o al republicano, son buena muestra de la importancia del movimiento de solidaridad durante la guerra civil española. Su carácter inédito se debe al desarrollo del periodismo gráfico moderno, así como a la política oficial de no intervención de los principales estados, que procuran limitar la participación de la sociedad civil, movilizada por la causa española, a la intervención humanitaria sobre el terreno».

1942: Vichy, campos y omisiones

Paul Senn solo volvió al sur de Francia en 1942. Ya no trabajaba para el mismo periódico: ahora publicaba para el *Schweizer Illustrierte Zeitung*, mucho menos progresista, aunque siguió en la estela de sus amigos de la Ayuda Suiza. Esta vez llegó para iniciar un recorrido por los campos de internamiento y las maternidades en las que actuaba el Socorro suizo: Rivesaltes, Récébédou, Elna, Banyuls. Estos campos estaban situados en la zona no ocupada del país, bajo la autoridad del régimen de Vichy. Después del éxodo masivo español y catalán de comienzos del 39 y del posterior internamiento en los campos, una gran parte de los españoles se dispersó: algunos regresaron a España, a veces bajo coacción; otros se alistaron en la Legión extranjera o en las compañías de trabajo. Los campos estaban ocupados por españoles —todavía muy numerosos—, además de extranjeros indeseables, judíos y gitanos internados por la Francia de Vichy.

En 1942 cambió la situación de la Ayuda Suiza: sus voluntarios quedaban ahora bajo la autoridad de la Cruz Roja. Esto conllevó un cambio de orientación, como explica la investigadora Natascha Schmöller: «El gobierno suizo exigió la observancia de una estricta neutralidad por parte de todos los voluntarios suizos presentes sobre el terreno respecto de las deportaciones. Muchos decidieron desobedecer las instrucciones y lograron salvar la vida de numerosas personas ayudándolas a pasar a la clandestinidad. Entre ellos, Elisabeth Eidenbenz, Friedel Bohny-Reiter, August Bony, Maurice Dubois, Rösli Näf y Sebastian Streiger, que recibirían posteriormente el homenaje del Estado de Israel con la concesión del título de Justo entre las Naciones». En este sentido, el reportaje de Paul Senn publicado en el *Schweizer Illustrierte Zeitung* del 25 de febrero de 1942 elogia de manera enfática la generosidad de Suiza, pero sin mencionar la presencia de detenidos judíos. El viaje de Paul Senn fue anterior a las deportaciones de detenidos judíos hacia los campos de exterminio, que comenzaron el 11 de agosto de 1942: en nueve convoyes, 2.289 hombres, mujeres y niños salieron del campo, principalmente hacia Auschwitz-Birkenau. Las gélidas fotografías que el periodista suizo tomó en los campos de Rivesaltes y del Récébédou destilan tristeza y angustia. Después de este reportaje, Paul visitó al escultor Aristide Maillol antes de regresar a Suiza. No volvió a Francia hasta el verano de 1944, cuando realizó un terrible reportaje sobre la matanza cometida por los nazis en el aeropuerto de Lyon, poco antes de la liberación de la ciudad. Fue su último reportaje de guerra. Después documentó la reconstrucción y descubrió, fascinado, la película en color mientras recorría Estados Unidos.

11 «Le troisième combattant ». *El tercer combatiente. La acción humanitaria durante la guerra civil española y el exilio republicano*. Llamamiento a presentar colaboraciones, Calenda. Publicado el jueves 25 de febrero de 2016, https://calenda.org/356997

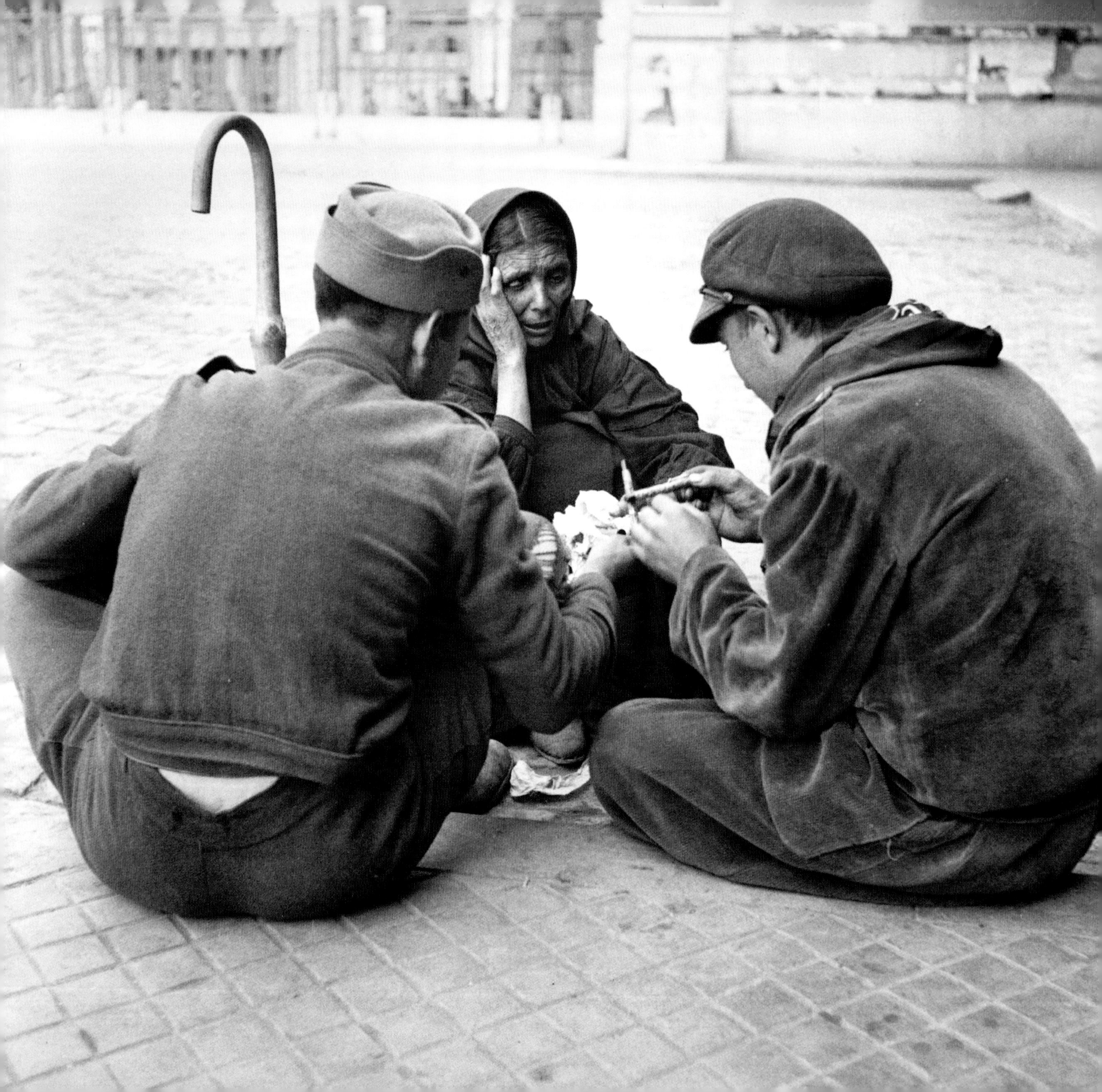

EL TIEMPO SUSPENDIDO DEL EXILIO ESPAÑOL

Miguel S. Moñita y Tomás Zarza
Miembros del Grupo de Investigación CUVPAC-URJC

Esta exposición adapta al relato del exilio republicano español el trabajo de investigación desarrollado por Michel Lefebvre y Markus Schürpf, presentado en el Memorial del Campo de Rivesaltes en 2019. Desde ese marco histórico, la propuesta curatorial desplaza la mirada de los «espacios de internamiento» al «tiempo incierto del tránsito y la huida», tal como los registró Paul Senn. Su obra conjuga objetividad documental y subjetividad consciente, en sintonía con la denominada «concerned photography». Poco conocido en España, recuperar hoy su trabajo implica no solo una restitución histórica, sino una revisión crítica de la memoria visual del exilio español. La exposición tiene su origen en el *Festival Robert Capa estuvo aquí* (2025), donde la obra de Senn dialoga con la tradición del fotoperiodismo humanista representada por Robert Capa y con miradas contemporáneas como las de Luis de Vega y Javier Bauluz, reforzando la fotografía como herramienta crítica y de transformación social.

Desplazamientos del estatuto de la fotografía

Como señaló Walter Benjamin, la fotografía se inscribe en el marco de la reproducción técnica, una condición que transforma radicalmente la relación entre la obra y el espectador. En este sentido, la fotografía documental de los años treinta aspiraba a fijar los acontecimientos a través de los reflejos que emanaban de lo real. Sin embargo, la fotografía nunca fue un reflejo neutro del mundo. El fotógrafo, lejos de reproducir la realidad de forma directa, construye significado a través de decisiones formales: el encuadre, el punto de vista, el instante elegido, el motivo seleccionado y el detalle. Así, muchas de las imágenes producidas con fines informativos en este periodo —especialmente aquellas vinculadas a la guerra, al trabajo o al exilio— contienen ya una complejidad estética y simbólica que desborda su función original.

Es en el tránsito hacia el siglo XXI cuando esta tensión se vuelve explícita. Las fotografías históricas, concebidas originalmente como documentos, han sido recontextualizadas en museos, archivos y espacios expositivos, adquiriendo el estatuto de obras artísticas. Como señaló Susan Sontag, toda fotografía es a la vez fragmento de realidad e interpretación del mundo; con el tiempo, esa interpretación se emancipa de su función inmediata y se abre a nuevas lecturas. Esta distancia histórica permite que la imagen deje de operar solo como evidencia para convertirse en objeto de contemplación y memoria. En el presente, la consideración de la fotografía como obra no anula su dimensión testimonial, sino que la refuerza. Presentadas en un espacio expositivo, las imágenes de Paul Senn se reinterpretan desde un tiempo y un ritmo ajenos a la circulación acelerada de lo digital, activándose como dispositivos críticos más próximos a la experiencia artística que al mero hecho informativo.

De aceleración a la pausa a través de las imágenes

Paul Senn fotografió la Guerra Civil española y el exilio republicano desde una posición poco habitual incluso para su tiempo. No fue un fotógrafo de la urgencia ni del impacto inmediato, ni buscó la épica del combate o el dramatismo del cuerpo herido. Su mirada se detuvo en los márgenes humanos del conflicto, donde hombres, mujeres y niños huían, quedaban atrapados en la espera o simplemente resistían mientras la historia se derrumbaba a su alrededor. Esta elección no fue solo estilística, sino profundamente política: frente a un fotoperiodismo de guerra cada vez más orientado a la aceleración y al impacto, Senn introdujo deliberadamente la pausa.

Formado en la prensa ilustrada centroeuropea de los años treinta, participó en la construcción de un fotoperiodismo moderno que aspiraba a conjugar información, sensibilidad social y rigor formal, pero se distanció de sus recursos más espectaculares. Durante sus viajes a España entre 1937 y 1939, acompañando a la «Ayuda Suiza», fotografió hospitales improvisados, convoyes humanitarios y escenas de la vida cotidiana en la retaguardia. Es, sin embargo, en la retirada de 1939 y en el éxodo hacia Francia donde su trabajo alcanza mayor densidad: las imágenes de los pasos fronterizos, de los caminos cubiertos de cuerpos fatigados y de las largas esperas en suelo francés no narran un acontecimiento puntual, sino un estado prolongado de la vida reducida a lo esencial.

En las imágenes de Paul Senn no hay urgencia narrativa, sino un tiempo sostenido que permite mirar, componer y esperar el gesto precioso y amable. El uso del medio formato, más lento y menos reactivo que las cámaras de 35 mm, condiciona decisivamente esta forma de ver: cada disparo exige preparación y cada imagen es el resultado de una decisión consciente. La técnica deja así de ser un mero soporte para convertirse en una ética de la mirada. Como señaló John Szarkowski, el fotógrafo que trabaja fuera del estudio no puede reorganizar la realidad, solo elegir el encuadre, el instante y el detalle, porque la fotografía no explica el mundo, tan solo lo señala. En Senn, esa elección se orienta hacia lo que condensa el sentido del conflicto sin recurrir a la violencia explícita. Esta posición dialoga con László Moholy-Nagy, para quien la cámara fija los hechos con objetividad, pero es el fotógrafo quien decide desde dónde mirar y cuándo detener el tiempo. Vista desde el presente, esta relación entre dispositivo técnico y posición ética adquiere una relevancia particular puesto que como advirtió Susan Sontag, toda fotografía es a la vez fragmento de realidad e interpretación del mundo y con el tiempo, esa interpretación se emancipa de su función inmediata. Mirar el pasado implica siempre hacerlo desde el presente. En este sentido, el fotógrafo no solo registra los hechos, sino que contribuye a construir su memoria. Las imágenes de Paul Senn conservan su valor documental, pero operan también como dispositivos críticos capaces de interpelar al presente.

Cuerpos, exilio y memoria

Uno de los rasgos más constantes en la obra de Paul Senn es su manera de aproximarse a los cuerpos. Sus retratados no aparecen sorprendidos ni violentados por la cámara: existe una distancia justa que preserva la dignidad incluso en la derrota. Los rostros, detenidos en un tiempo intermedio entre la acción y el recuerdo, habitan un presente suspendido. Senn no huye del drama, pero rechaza conscientemente los mecanismos del sensacionalismo visual; su compromiso con la verdad no pasa por mostrarlo todo, sino por saber qué no mostrar. Su trabajo se inscribe así en una ética de la representación entendida como un acto de responsabilidad. La presencia recurrente de la infancia refuerza esta posición. Los niños aparecen en refugios, colas de reparto o campos de internamiento, aferrados a objetos mínimos que condensan una vida anterior. No hay sentimentalismo, sino una seriedad impropia de la edad que convierte esos rostros en testimonio directo de la violencia estructural de la guerra. En los campos de refugiados, esta mirada insiste en los mismos gestos y en los mismos tiempos de espera, retratando una existencia reducida a lo esencial. Los espacios aparecen despojados de épica: no hay dramatización, solo cuerpos que sobreviven en ese tiempo suspendido.

Vista desde el presente, esta insistencia adquiere una resonancia inquietante. Los detalles que atraviesan su obra —mantas raídas, zapatos gastados, latas convertidas en vasos— reaparecen en la iconografía contemporánea del exilio y del desplazamiento forzado, como puede verse también en trabajos recientes de Luis de Vega, Ucrania: la guerra de los civiles (2023-2026) o en las fotografías de La Ruta Canaria (2021) de Javier Bauluz. Estos elementos devuelven nombre y rostro a quienes la historia reduce a cifras y convierten la fotografía en un espacio de memoria compartida. Tal como señaló Pierre Bourdieu, la fotografía actúa como una máquina de solemnizar. En Senn, esa solemnidad no se construye desde la monumentalidad heroica, sino desde la atención al detalle y la dignificación de lo cotidiano, como también lo hacen de Vega y Bauluz. En esta línea, la lectura del archivo propuesta por Allan Sekula resulta especialmente pertinente: el archivo no es un depósito neutro del pasado, sino un campo activo de interpretación. Revisitadas hoy, las imágenes de Senn —especialmente las de la Guerra Civil española y el exilio republicano— se reactivan como un archivo incómodo y necesario en un país marcado durante décadas por el silencio y el olvido.

Hoy, contemplar la obra de Paul Senn es aceptar una invitación a mirar de otro modo: a desacelerar y entender la fotografía no solo como tecnología de captura, sino como forma de pensamiento visual. En un contexto de aceleración y saturación icónica, su trabajo recupera el valor del gesto mínimo y de la observación prolongada. En sus imágenes, el exilio no aparece como un acontecimiento excepcional, sino como una tragedia humana inscrita en los cuerpos y en los objetos que los acompañan. Tal vez por eso siguen interpelándonos: porque en esa lentitud se preserva una forma de verdad que solo emerge cuando el tiempo de la imagen coincide con el tiempo de quien mira El legado de Senn no es una mercancía de consumo rápido; no reside solo en lo que fotografió, sino en cómo decidió hacerlo.

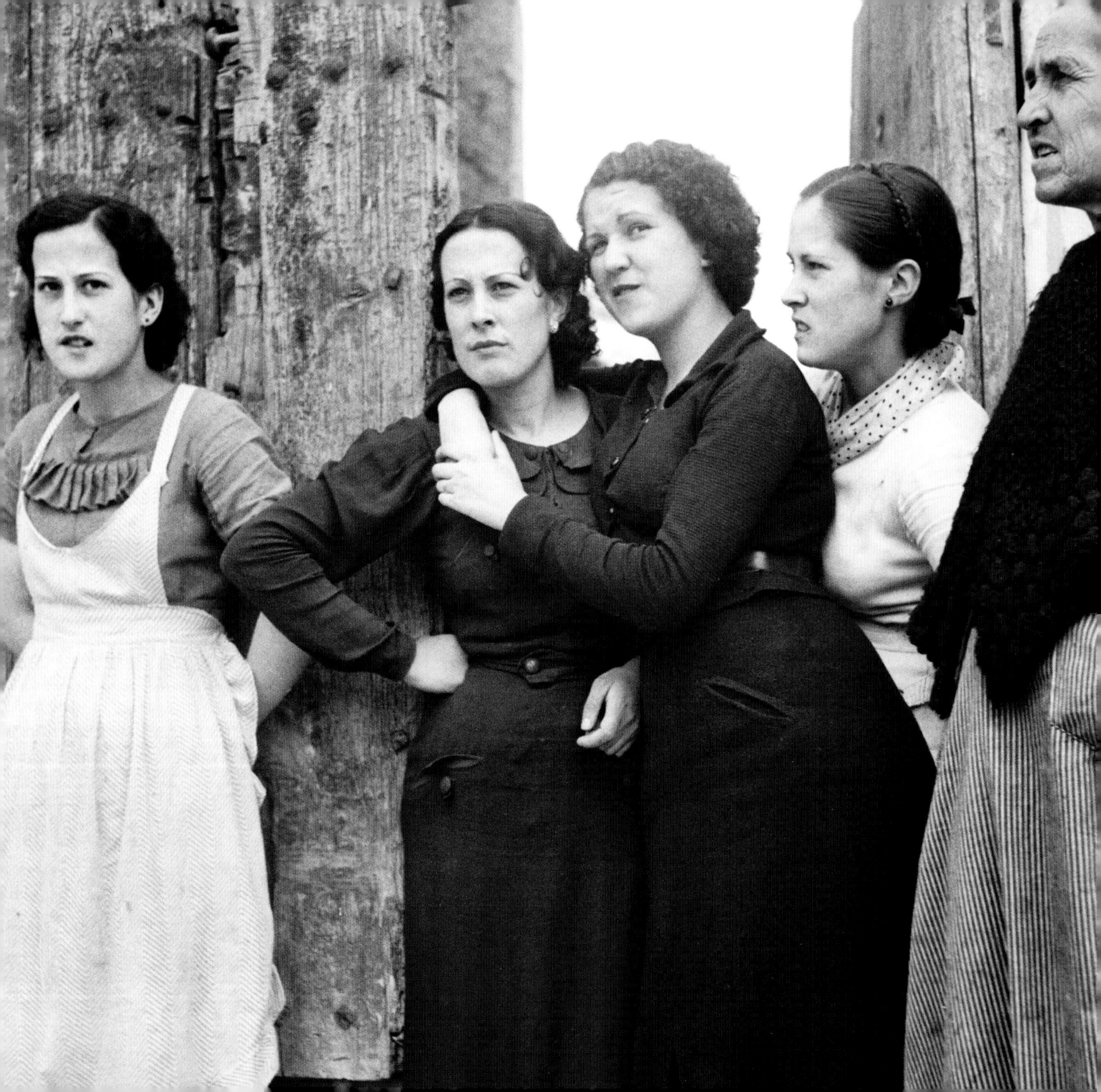

LA MEMORIA QUE AÚN NOS FALTA POR DESCUBRIR

Uría Fernández
Director del Área de Cultura y Centro Documental de la Fundación Manuel Fernández «Lito»

A las puertas del centenario de la Guerra Civil, seguimos viviendo una paradoja incómoda: creemos conocer aquel tiempo porque lo hemos visto muchas veces, pero en realidad lo seguimos aprendiendo tarde y a trompicones. No es solo que cambien las interpretaciones; es que aún emergen fuentes documentales que deberían llevar décadas integradas en nuestra memoria común. La llegada de Paul Senn al público español, por primera vez en forma de exposición, es una de esas irrupciones que obligan a pensar.

Paul Senn fue un reportero suizo de los años treinta y la posguerra, con una producción inmensa para la prensa ilustrada. Su archivo —conservado en Berna— reúne decenas de miles de negativos, copias y materiales de trabajo, y sus imágenes circularon ampliamente fuera de España. Que una obra de esa densidad documental sea un descubrimiento reciente aquí plantea una pregunta incómoda: ¿qué nos ha faltado para incorporar miradas como la suya a un conocimiento compartido de nuestra propia historia?

No estamos ante una simple «laguna» cultural. Estamos ante una consecuencia histórica. La dictadura no solo impuso censura: sostuvo un largo régimen de oscuridad, manipulación del relato y desconfianza hacia la investigación libre. Y en democracia, aunque se han dado pasos, seguimos arrastrando déficits estructurales: una cultura insuficiente de transparencia archivística, un acceso a menudo poco comprensible para la ciudadanía y una enseñanza que, demasiadas veces, trata la Guerra Civil y la represión posterior con miedo, prisa o superficialidad.

Por eso la exposición de Senn no es únicamente una buena noticia cultural: es una corrección tardía. No solo añade imágenes al álbum; cuestiona la idea misma de «álbum». Si todavía estamos incorporando a la conversación pública fondos tan relevantes, lo que falla no es la curiosidad, sino el ecosistema que debería haber facilitado esa entrada antes: archivos con mediación pública real, investigación sostenida, y una escuela capaz de enseñar a leer fuentes.

Conviene decirlo con claridad: Paul Senn no se entiende bien si lo reducimos al cliché del «fotógrafo de guerra». Su lugar está más cerca del reportero humanitario. Su mirada se instala en los márgenes humanos del conflicto: la evacuación, el hambre, la espera, el desplazamiento, los cuerpos cansados de la retaguardia. No persigue la épica del combate ni la teatralidad del instante; se concentra en la vulnerabilidad sostenida, en lo que la guerra hace cuando deja de ser «noticia» y se convierte en condición de vida.

Ese desplazamiento es crucial. La Guerra Civil española ha quedado fijada, visualmente, en un repertorio de iconos: ruinas, frentes, líderes, gestos heroicos, muerte inmediata. Senn introduce otra temporalidad: el tiempo lento del que huye, del que aguanta, del que atraviesa un invierno con lo mínimo. Sus imágenes se pueblan de niños, de colas, de mantas y maletas, de la vida reducida a lo esencial. En esa insistencia no hay sentimentalismo: hay una forma de verdad que aparece cuando la fotografía deja de ser espectáculo y se convierte en observación.

También importa cómo mira. Hay una manera de fotografiar que exige pausa y decisión, que ordena la escena para hacerla legible sin embellecerla. En Senn, la composición no atenúa el daño: lo vuelve comprensible.

El contexto de su trabajo en España refuerza esta idea. Senn llegó en plena guerra vinculado a iniciativas humanitarias suizas. Documentar, en su caso, no era una tarea neutral: era parte de un esfuerzo por hacer visible la catástrofe civil y activar solidaridad. La fotografía como documento no se agota en lo que muestra; incluye también para qué circula y a quién interpela.

Y ahí aparece un punto decisivo para entender por qué todavía «descubrimos» fuentes: la circulación de los documentos. España ha vivido demasiadas décadas en las que la información sobre sí misma dependía de rutas indirectas, silencios, omisiones y controles. Un país que no garantiza condiciones estables de acceso a sus fondos termina dependiendo —una y otra vez— de lo que se conservó fuera, de lo que publicó otro, de lo que se salvó por azar. La llegada tardía de Senn al espacio público español no es un accidente: es el reflejo de una historia política de la memoria. Uno de los núcleos más desgarradores de su obra vinculada a nuestra historia se sitúa en el final de la guerra: el éxodo hacia Francia. Ese tránsito masivo, la desbandada de civiles y combatientes, el cruce fronterizo en condiciones extremas, constituye uno de los momentos definitorios del siglo XX español. Y, sin embargo, durante mucho tiempo ese episodio no ocupó el centro del relato escolar ni del imaginario visual compartido. Las fotografías de Senn devuelven a ese momento una materialidad que ningún resumen puede sustituir: la fila interminable, la mirada de quien no sabe dónde dormirá, el cuerpo que arrastra la vida en un bulto.

Lo decisivo no es que esas imágenes «completen» lo que sabíamos; es que nos obligan a reconocer cuánto dependemos todavía de documentación dispersa. Cada nuevo fondo que aparece, revela lo mismo: que nuestro conocimiento del pasado sigue siendo frágil, por falta de cultura democrática para custodiar, describir y compartir los documentos.

Aquí el archivo deja de ser un asunto técnico y se vuelve un problema político. Un archivo no es solo un depósito: es una institución de confianza. La democracia no se juega únicamente en las urnas o en las leyes; también se juega en los circuitos de acceso al conocimiento. Cuando el documento es opaco, cuando la descripción es insuficiente, cuando la consulta se dificulta, la memoria se privatiza. Y entonces la historia queda expuesta a la simplificación, a la propaganda o a la nostalgia interesada.

La pregunta, por tanto, no es solo por qué desconocíamos a Senn, sino qué condiciones lo hicieron posible. La primera respuesta remite al daño histórico de la dictadura. La segunda nos interpela a nosotros: inercias burocráticas, inversión irregular en sistemas de acceso, y una cultura educativa que no ha terminado de asumir el pasado como materia de ciudadanía.

En este punto, una anécdota basta para entender la desigualdad de la memoria visual. En el barrio de Entrevías, en Madrid, un edificio humilde —Peironcely 10— fue fotografiado por Robert Capa en 1936: unos niños ante una fachada marcada por la metralla. Esa imagen se convirtió en símbolo internacional y, décadas después, ayudó a activar una movilización para proteger el lugar y dignificar su entorno.

Traigo este episodio solo para subrayar una idea: algunos iconos viajan, se vuelven universales y permanecen; otras miradas, igual de necesarias, quedan en sombra si no existe un ecosistema democrático que las haga circular y comprender. Paul Senn representa esa parte del archivo que no se volvió emblema, pero que resulta imprescindible. Sus fotografías recuerdan que la historia no se compone solo de imágenes famosas, sino de series completas, de contexto y continuidad. Y también nos recuerdan algo más: que la fotografía de guerra no es únicamente una estética del impacto, sino una forma de responsabilidad. Fotografiar la vulnerabilidad civil, el exilio, el hambre, la espera, es poner el foco donde las narrativas belicistas preferirían no mirar.

Por eso, ver hoy a Senn en España debería provocar una decisión: tomarnos en serio la alfabetización documental de nuestra democracia. Eso implica tres tareas.

La primera: archivos verdaderamente abiertos, con dotación presupuestaria generosa y políticas claras de difusión pública. Sin eso, la memoria seguirá siendo un territorio de especialistas o de militancias aisladas.

La segunda: ciudadanía usuaria de archivos. No basta con que existan repositorios. Necesitamos hábito social, formación básica y la idea —muy simple— de que consultar documentos es un derecho cívico.

La tercera: una enseñanza de la Guerra Civil y el exilio con complejidad, con fuentes, con contraste, y sin convertir el pasado en consigna ni en silencio.

Paul Senn no viene a cerrar nada. Viene a abrir. Su mirada —humanitaria, paciente, atenta a la vida en los márgenes del desastre— nos entrega algo que todavía nos falta: un espejo documental que no admite atajos. Y quizá esa sea la función más profunda de esta exposición: recordarnos que la historia no se hereda solo por fechas, sino por acceso; y que una democracia se mide, también, por la facilidad con la que sus ciudadanos pueden mirar de frente sus propios archivos. Paul Senn no viene a cerrar nada. Viene a abrir. Su mirada —humanitaria, paciente, atenta a la vida en los márgenes del desastre— nos entrega algo que todavía nos falta: un espejo documental que no admite atajos. Y quizá esa sea la función más profunda de esta exposición: recordarnos que la historia no se hereda solo por fechas, sino por acceso; y que una democracia se mide, también, por la facilidad con la que sus ciudadanos pueden mirar de frente sus propios archivos.

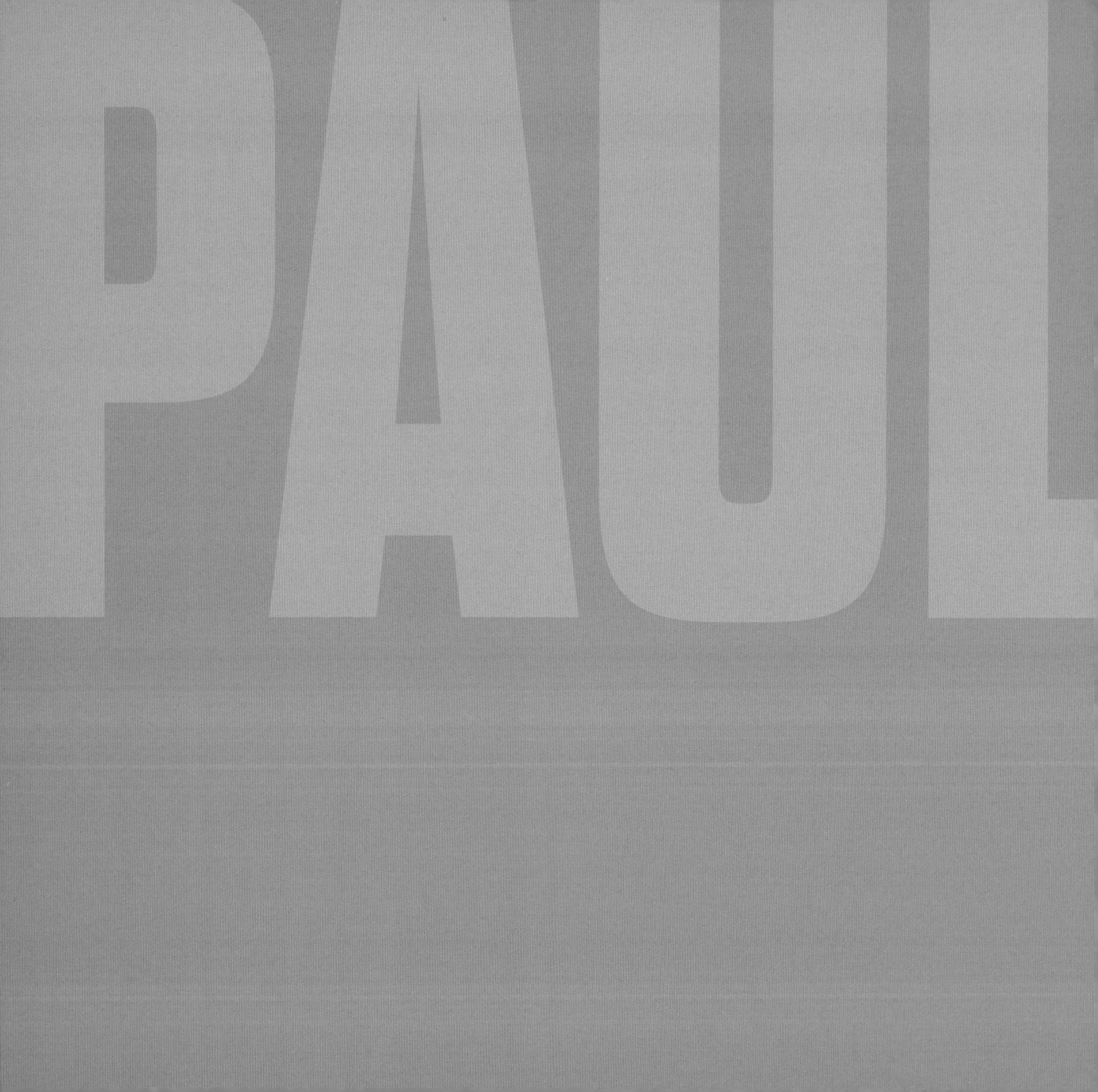
PAUL

LA EXPOSICIÓN

CRONOLOGÍA

1901
Paul Senn nace el 14 de agosto en Rothrist, Argovia, donde su padre, natural de Berna, trabaja como jefe de estación

1908
La familia Senn regresa a Berna, donde Paul cursa la enseñanza primaria y secundaria.

1917
Sus padres le desaconsejan una carrera artística. Senn aprende dibujo publicitario y retoque en el taller de litografía Schori, en Berna, y abandona pronto el hogar familiar. Tras su formación, trabaja en distintas ciudades suizas y europeas.

1922
Es contratado como obrero de fábrica en Lyon.

1924
Trabaja como montador de imágenes en el diario «Basler Nachrichten». Publica sus primeras fotografías.

1927
Vive temporalmente en Milán y Génova.

1928
Viaja a Alemania, Bélgica, Francia y España. En Barcelona trabaja como diseñador gráfico.

1929
Abre un estudio de diseño y publicidad en Berna.

1930
Comienza a trabajar como periodista. Arnold Kübler lo contrata para *«Zürcher Illustrierte»*. También colabora con «Illustrierte bernois». Estas dos revistas, así como «*Aufstieg*», fueron sus principales clientes en los años treinta.

1931
Fotografía casi exclusivamente en Suiza. En febrero viaja a Italia y visita la tumba del pintor Karl Stauffer en Florencia.

1932
En Ginebra fotografía los enfrentamientos entre la policía y manifestantes antifascistas.

1934
Visita a Pau Casals, a quien había conocido en Berna en 1931, en su residencia de El Vendrell (Cataluña). Se hacen amigos; Senn lo visitará con frecuencia, especialmente en Prades durante el exilio.

1935-1937
Además de España, Italia y Francia, recorre los Balcanes. Visita Atenas, Estambul, Londres y Bucarest.

1937
Durante la Guerra de España, acompaña convoyes de ayuda humanitaria de «Ayuda Suiza» en zonas de batalla. En junio, «Zürcher Illustrierte» publica sus fotos junto a las de Robert Capa en un número especial.

1939
A finales de enero fotografía la retirada de los españoles en Le Perthus. En verano viaja a Estados Unidos.

1939-1945
Durante la Segunda Guerra Mundial presta servicio militar de emergencia en el «Army Photo Service» y en la unidad «Army and House». Como soldado-fotógrafo, cubre el éxodo de franceses hacia Suiza en junio de 1940.

1941
«Zürcher Illustrierte» deja de publicarse. Senn trabaja ya de forma permanente para «Schweizer Illustrierte» y para «Sie + Er». En la nueva revista «Du», Arnold Kübler publica fotos individuales y series de Senn.

1942
Viaja al sur de Francia e informa sobre las actividades de la organización humanitaria «Ayuda Suiza» en los campos de refugiados de Rivesaltes y Récébédou, y en la maternidad de Elna. En Banyuls-sur-Mer visita al escultor Aristide Maillol.

1943-1944

Se publica un libro ilustrado con sus fotografías bajo el título «Bauer und Arbeiter». Con Peter Surava, realiza para «Nation» una serie de reportajes sociales de gran impacto sobre las condiciones de vida de los «niños refugiados».

1944
A finales de septiembre organiza un viaje con periodistas suizos a Lyon. Sus fotografías sobre las destrucciones de la ciudad y la exhumación de los resistentes franceses masacrados por los nazis aparecen en «Nation» y «Ascent».

1945
Inmediatamente después del fin de la guerra, viaja por países europeos liberados. Por encargo de la Cruz Roja y del Don Suizo —una entidad suiza de carácter benéfico—, fotografía en Alemania y en Francia, especialmente en París.

1946
Enviado por «Schweizer Illustrierte», viaja a Estados Unidos. Se aloja en Nueva York y visita comunidades donde trabajan expatriados suizos. Recorre el país de este a oeste y regresa.

1947
Invitado por el Don Suizo, viaja a Finlandia con otros compatriotas reporteros. En Alemania documenta la reconstrucción en Múnich, Gelsenkirchen y la cuenca del Ruhr. Conoce a Ida Marti, que se convierte en su compañera.

1951
Junto con Werner Bischof, Walter Läubli, Gotthard Schuh y Jakob Tuggener, participa en la fundación del «Collegium Schweizerischer Photographen». En abril embarca en Amberes rumbo a América.

1952

Tras su último viaje a América, su salud se resiente: padece cáncer de hígado. Realiza sus últimos viajes a Italia y España. En diciembre es admitido en la asociación de artistas suiza «Schweizerischer Werkbund».

1953
Fallece el 25 de abril en el hospital Ziegler de Berna. Su compañera, Ida Marti, dona su obra fotográfica, que hoy administra el Museo de Bellas Artes de Berna.

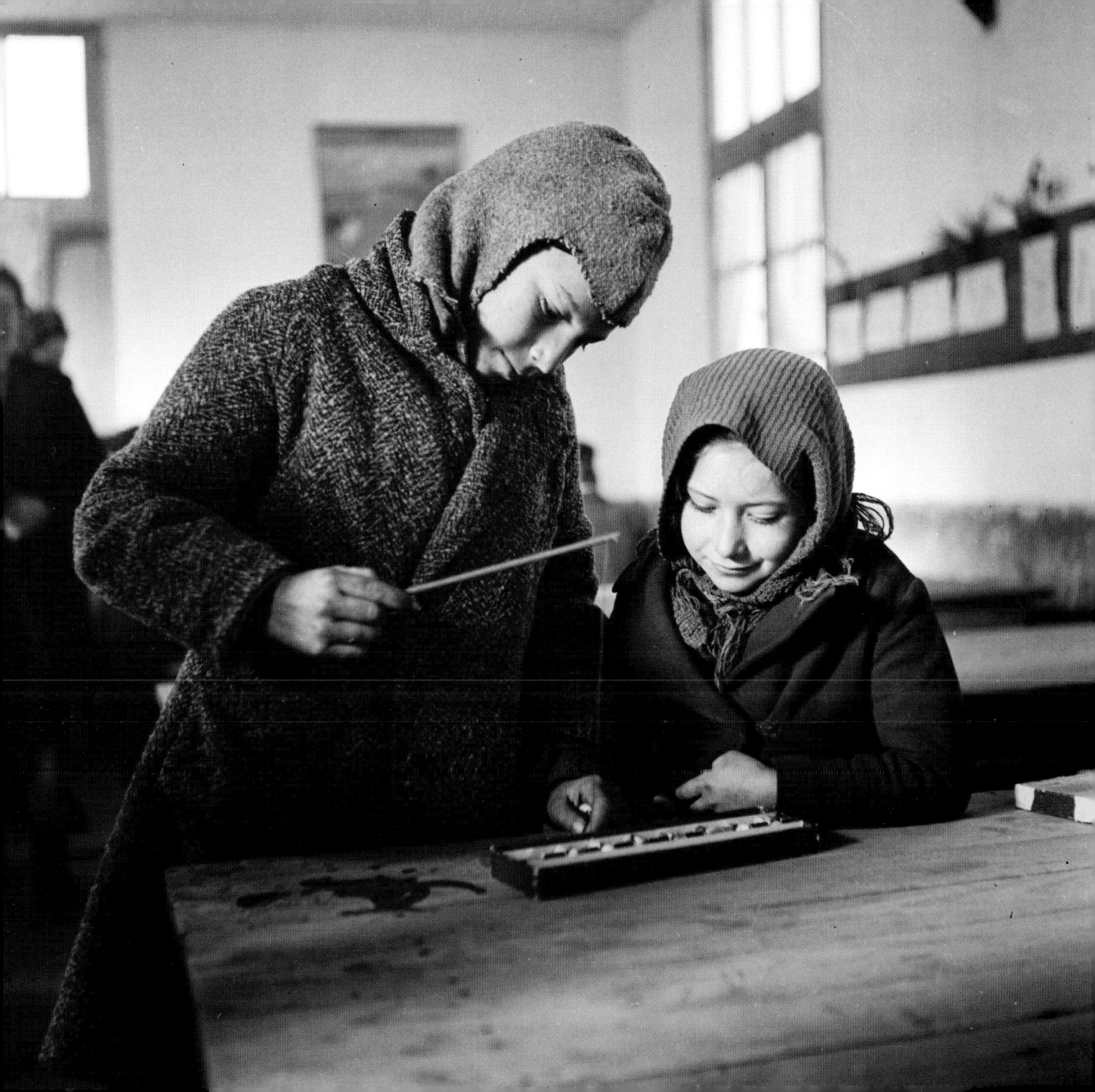

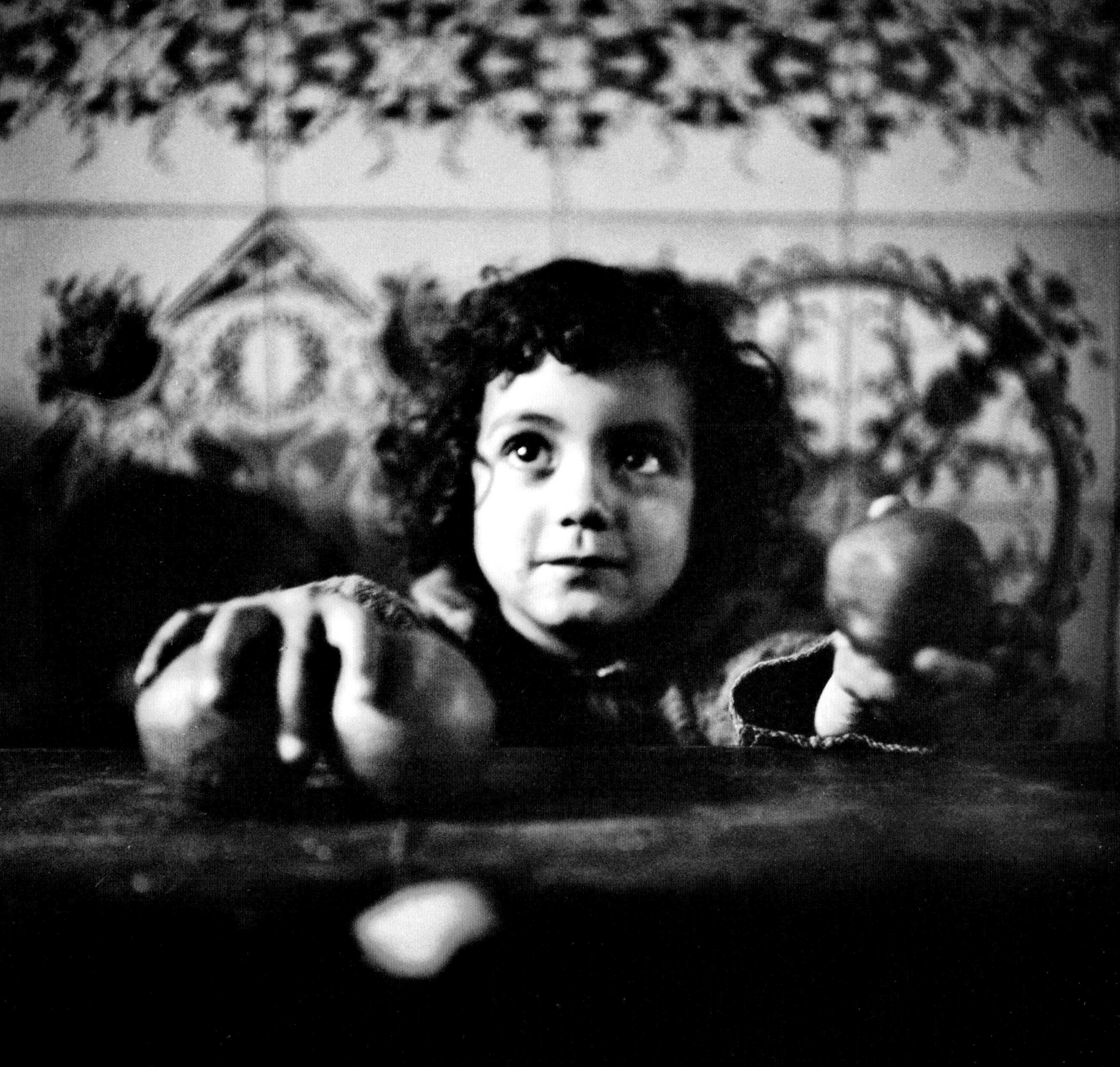

EL REFUGIO DE GARCÍA DE PAREDES

«Las casas de refugio y las organizaciones de socorro —comedores, entre otras— de la España gubernamental se hallan bajo el control del Ministerio de Higiene y Socorro Social. En Madrid funciona un gran centro de acogida: la Casa Refugio de García de Paredes, [ubicada en el convento de las Hijas de la Caridad de San Vicente de Paúl, incautado y destinado a sede del Socorro Suizo]. Cuarenta mujeres y jóvenes mantienen las instalaciones y atienden a los enfermos. Cada mañana, al amanecer, acuden nuevos refugiados, en su mayoría madrileños. A su llegada, son vacunados, se asean y, en la medida de lo posible, se les proporciona ropa limpia. Este refugio actúa como «estación de paso»: por lo general, los huéspedes no permanecen más de uno o dos días, hasta encontrar plaza en los camiones que los trasladarán hacia las costas mediterráneas». (*Zürcher Illustrierte*, 18 de junio de 1937).

El refugio de García de Paredes fue asimismo el punto de partida de la primera de las numerosas evacuaciones de civiles organizadas por los voluntarios: en total, entre mayo de 1937 y febrero de 1939, se evacuó desde Madrid a 4.078 niños, 4.608 mujeres —en especial embarazadas y madres lactantes— y 1.137 ancianos y enfermos.

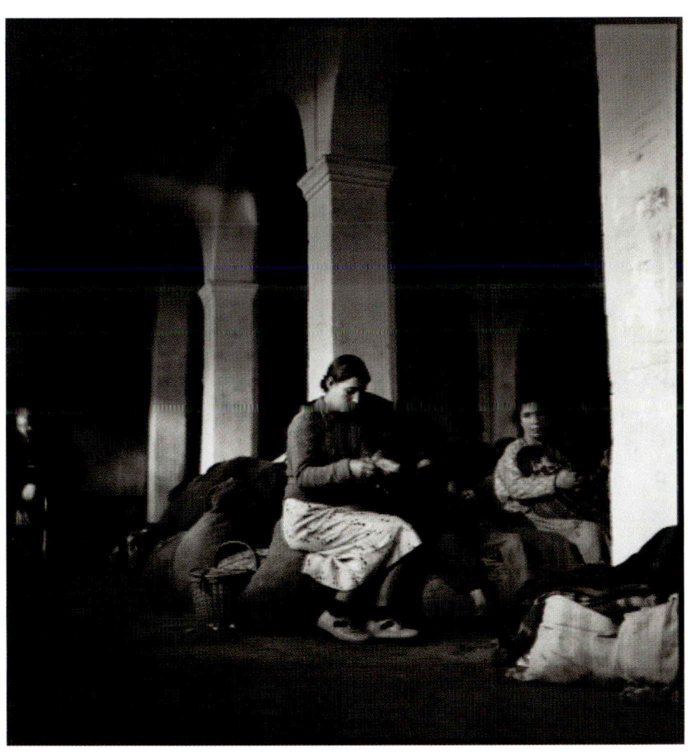

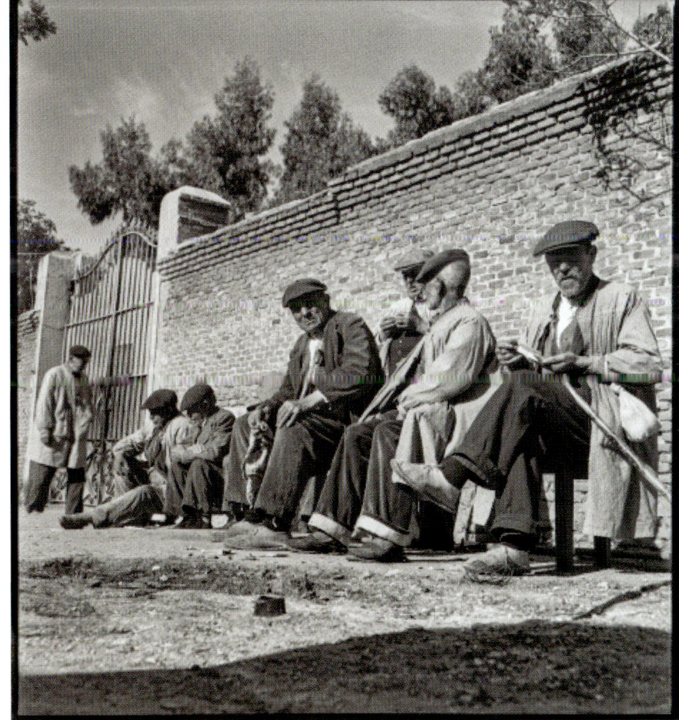

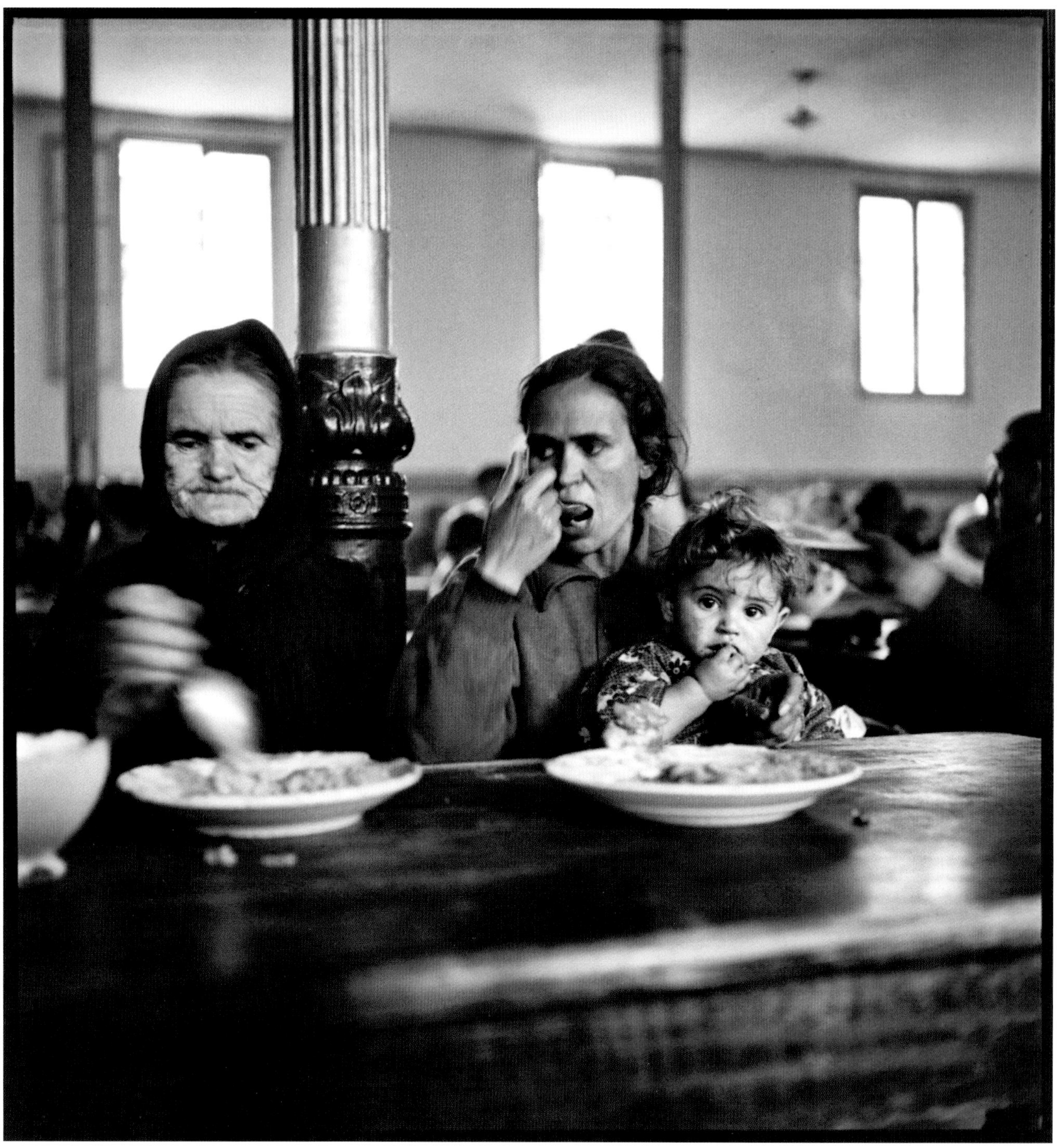

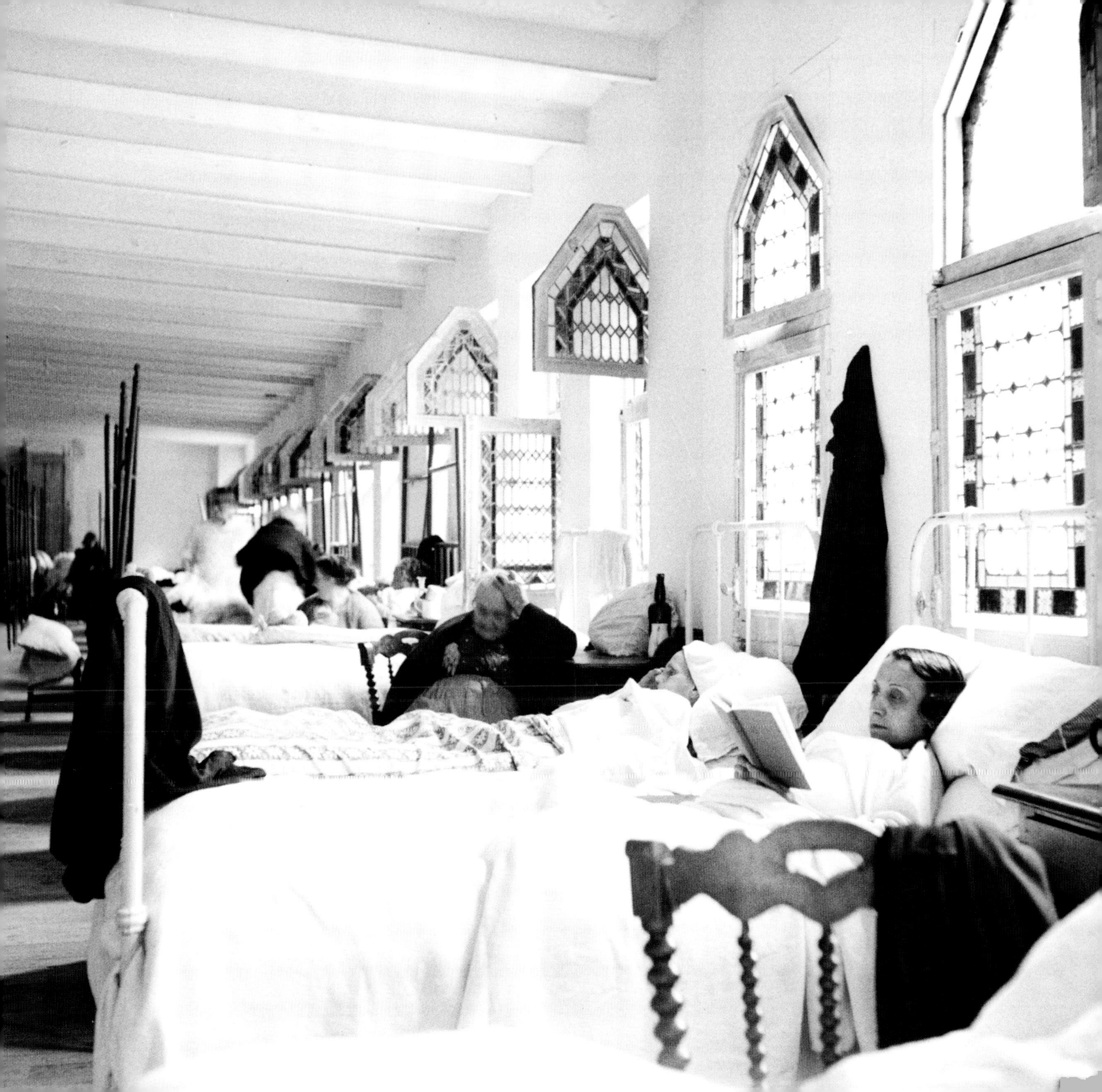

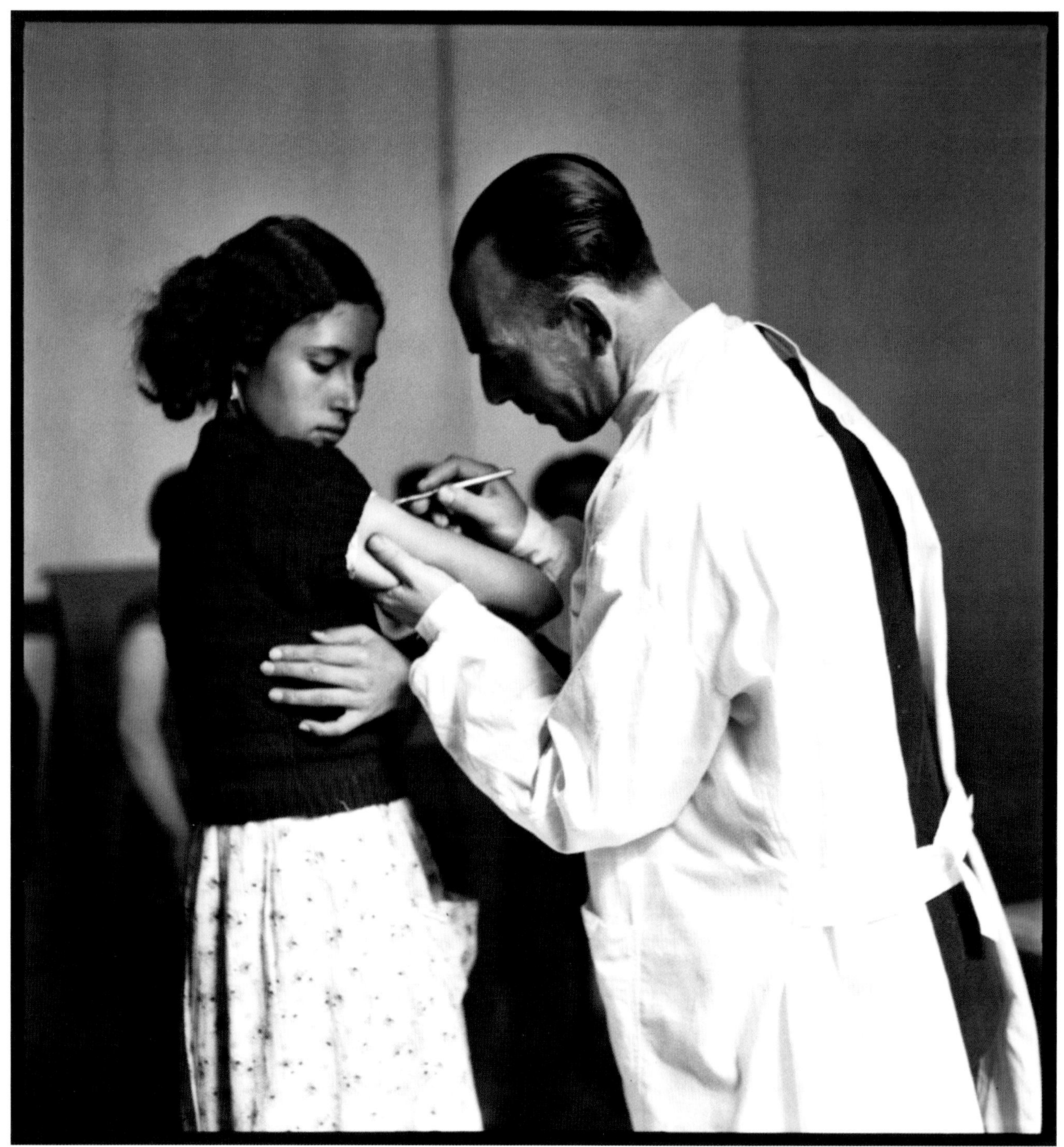

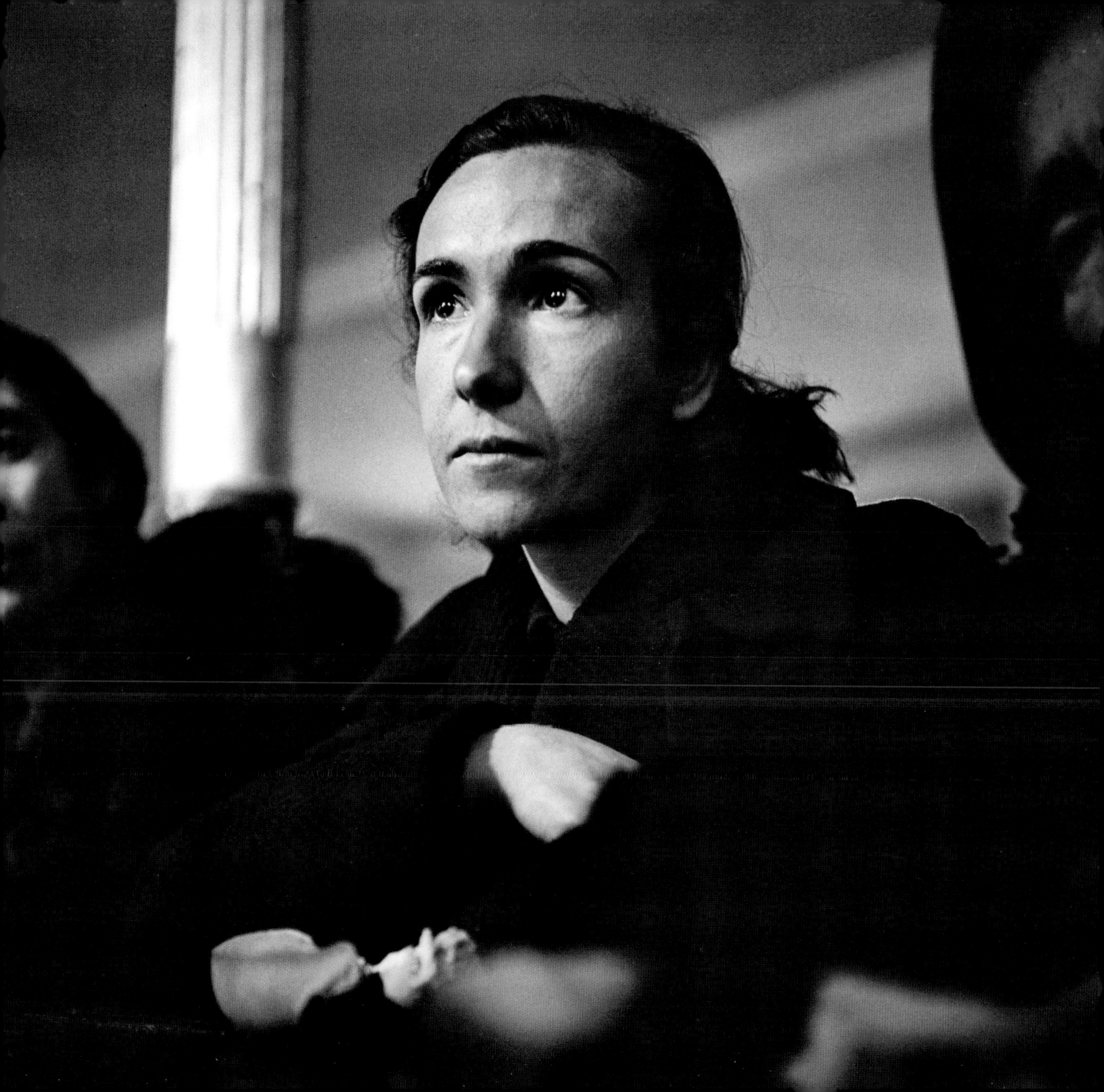

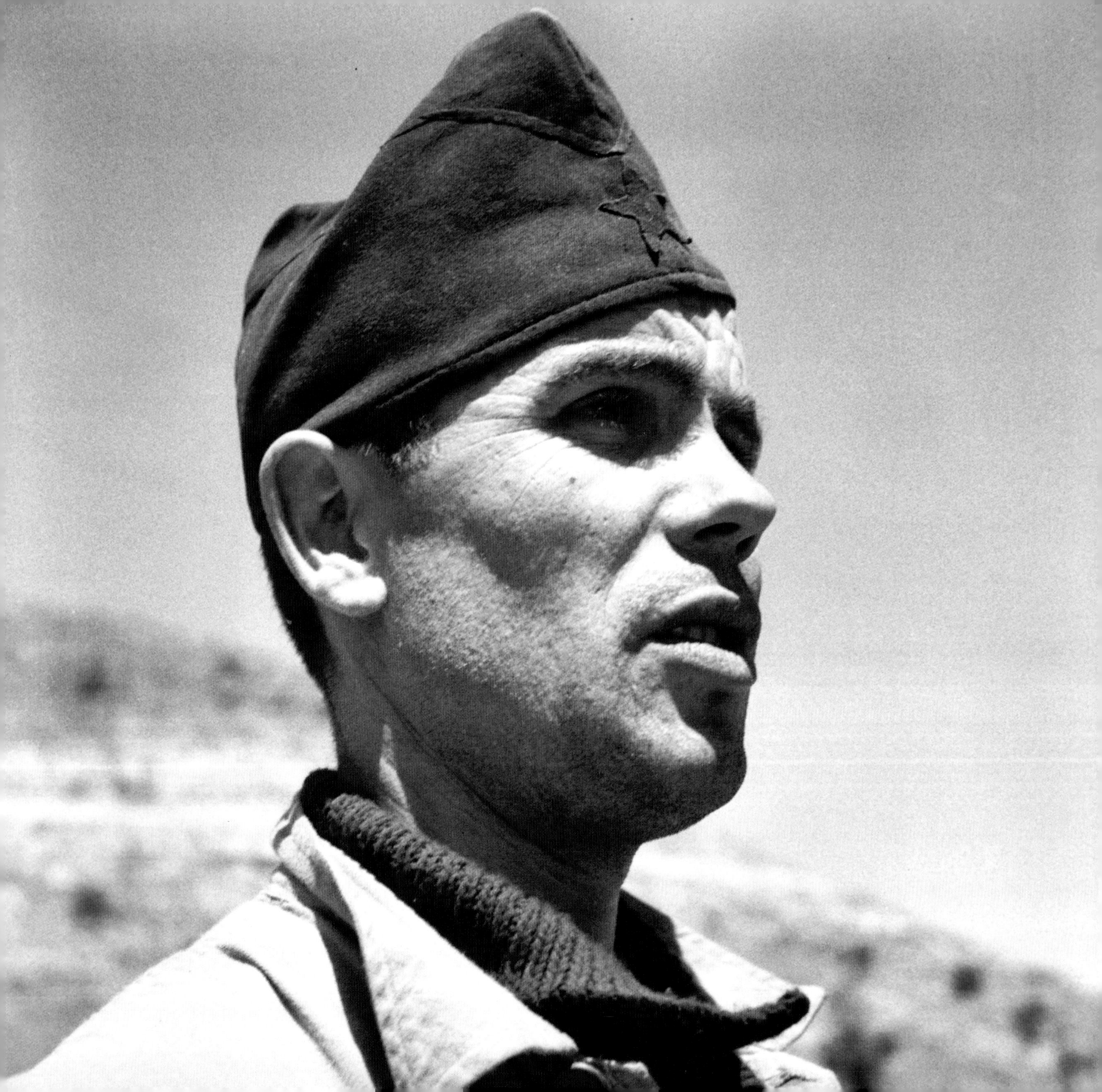

DE VALENCIA A MADRID

«La carretera que une Madrid y Valencia —construida durante el régimen de Primo de Rivera— es una de las más bellas y mejor trazadas. Los automóviles emplean unas seis horas en cubrir sus 380 kilómetros; los camiones, entre ocho y nueve. Desde comienzos de este año se han interrumpido por completo las comunicaciones ferroviarias entre la costa y la capital; esta vía, antaño apenas transitada por unos pocos turistas, es hoy la única conexión. Día y noche la recorre un tráfico denso de vehículos de toda índole —camiones militares, caravanas de mulas, carromatos y coches— que avanzan a gran velocidad. A unos veinte kilómetros de Madrid, el tránsito se ha desviado para facilitar el acceso a la capital tras el bombardeo del último tramo de carretera». (*Zürcher Illustrierte*, 18 de junio de 1937).

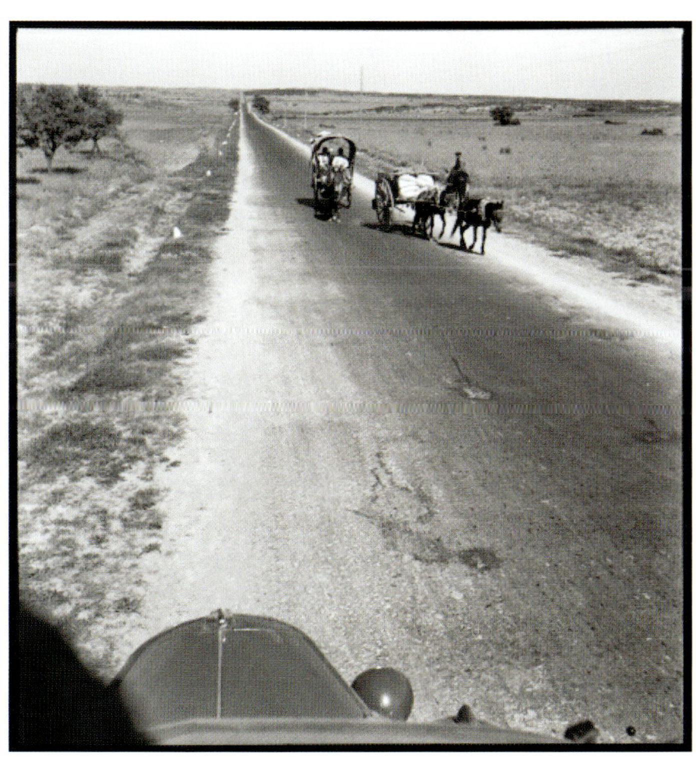

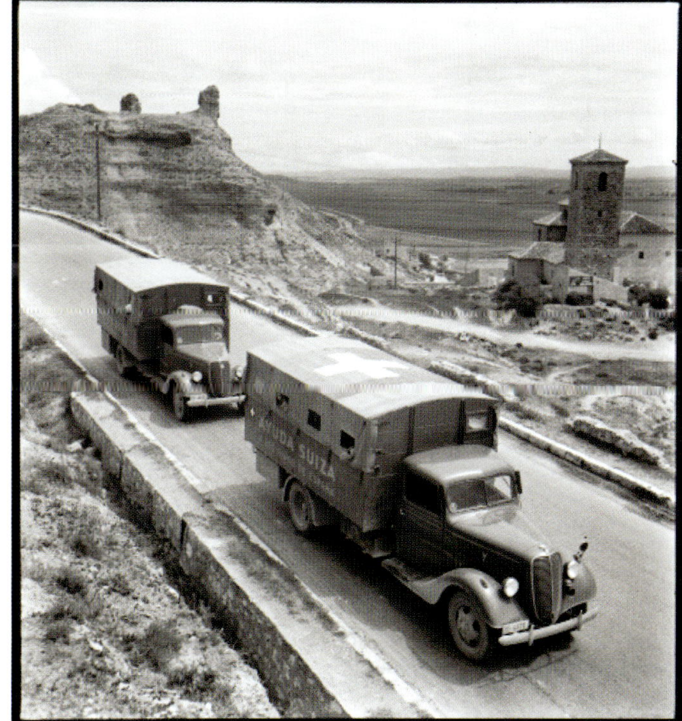

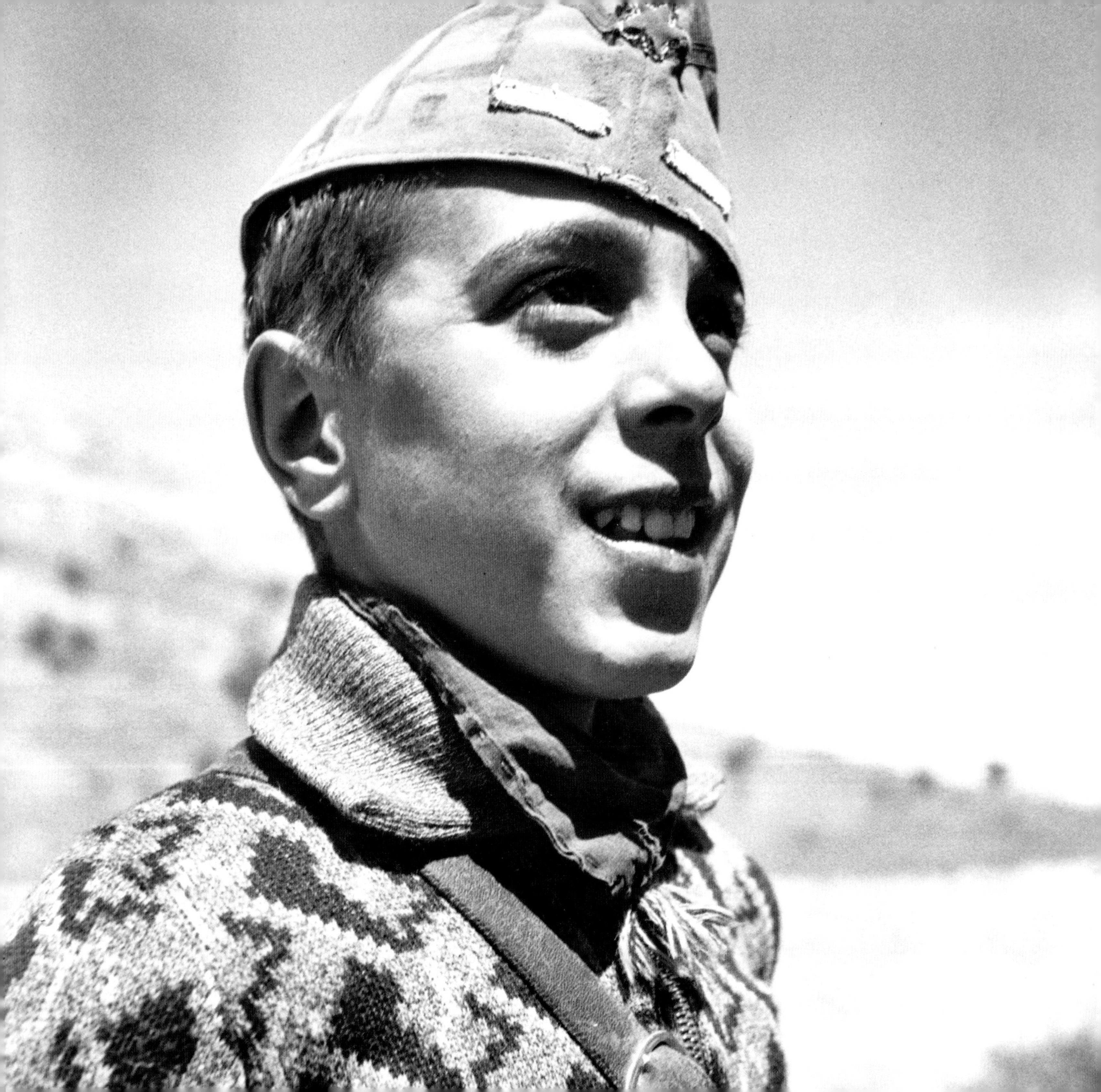

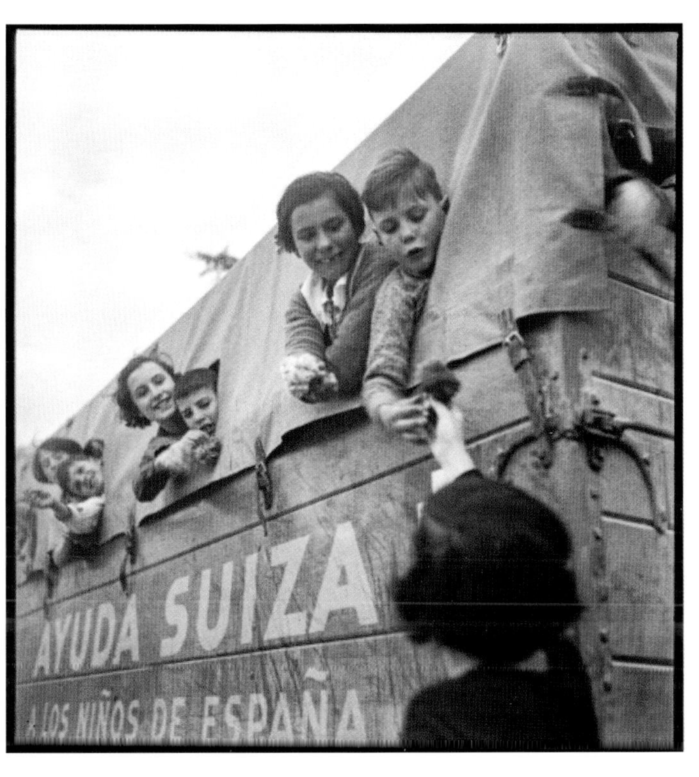
AYUDA SUIZA
A LOS NIÑOS DE ESPAÑA

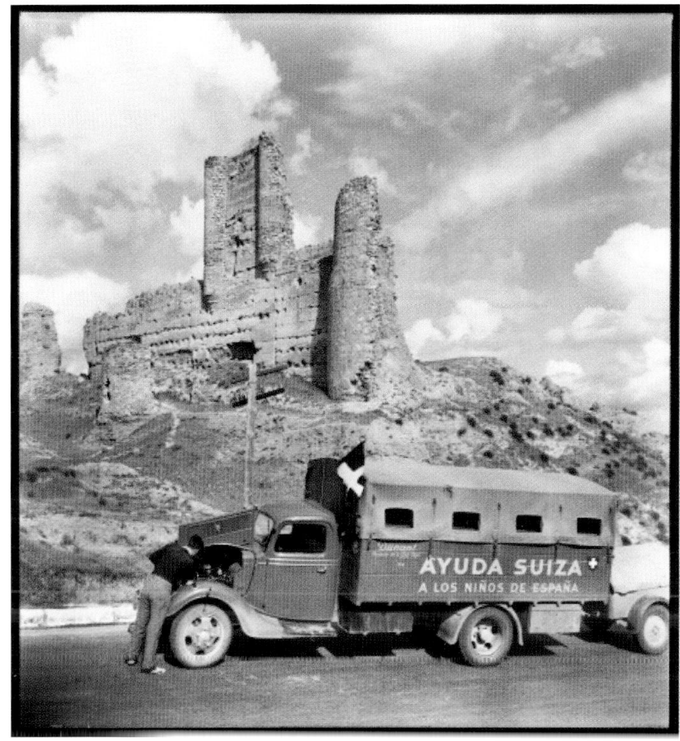
AYUDA SUIZA
A LOS NIÑOS DE ESPAÑA

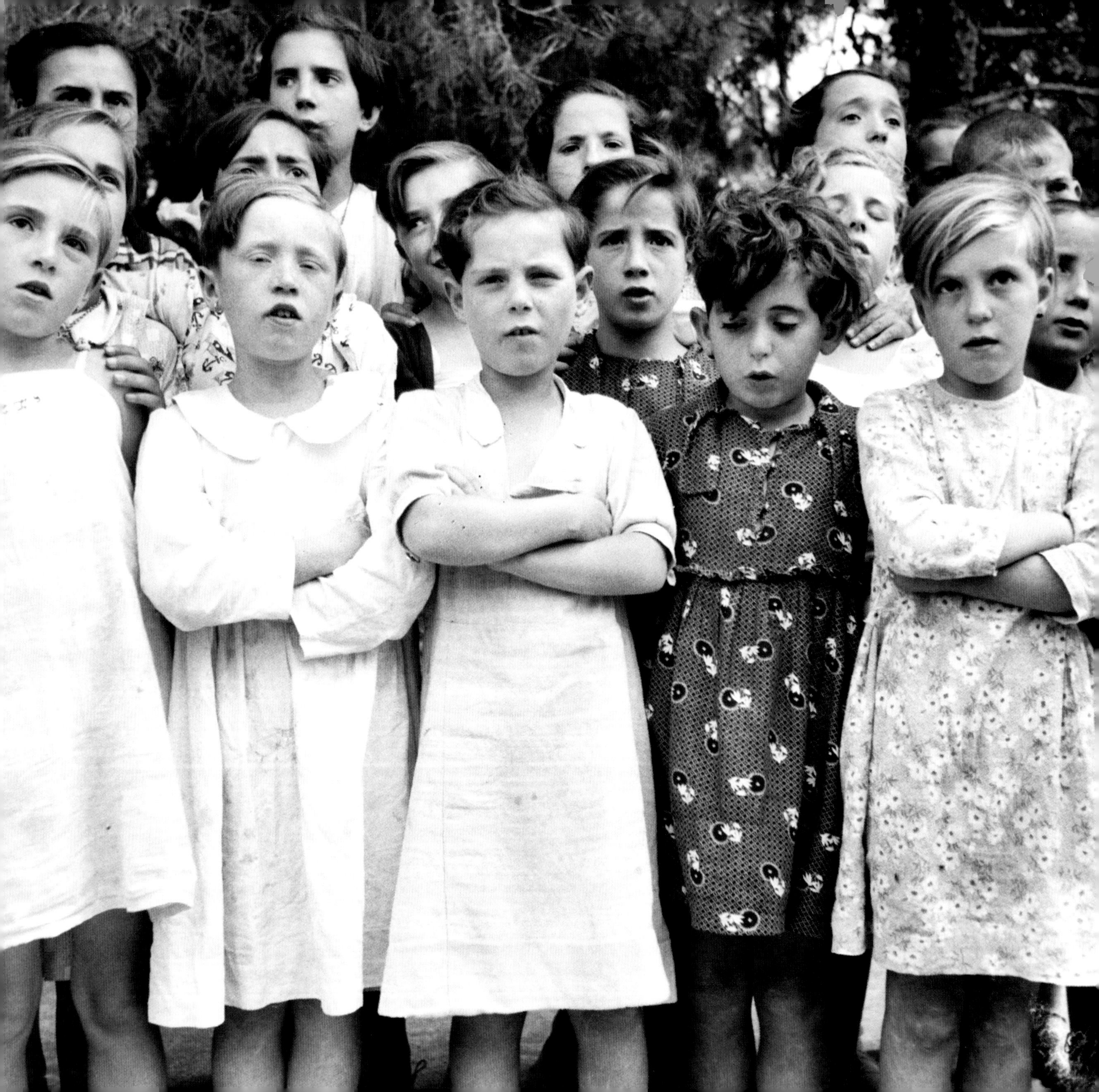

LA OBRA DE LA AYUDA SUIZA A LOS NIÑOS DE ESPAÑA

«La Ayuda Suiza a los Niños de España opera desde hace varias semanas. Cuatro camiones —Pestalozzi, Dunant, Nansen y Wilson— circulan entre Madrid y Valencia. Mientras unos suben a Madrid con víveres —arroz, harina, patatas, cacao y frutas, entre otros—, otros bajan a Valencia evacuando a ancianos y niños. Hasta la fecha, gracias a esta misión, más de 200 personas han quedado a salvo». (*Zürcher Illustrierte*, 18 de junio de 1937).

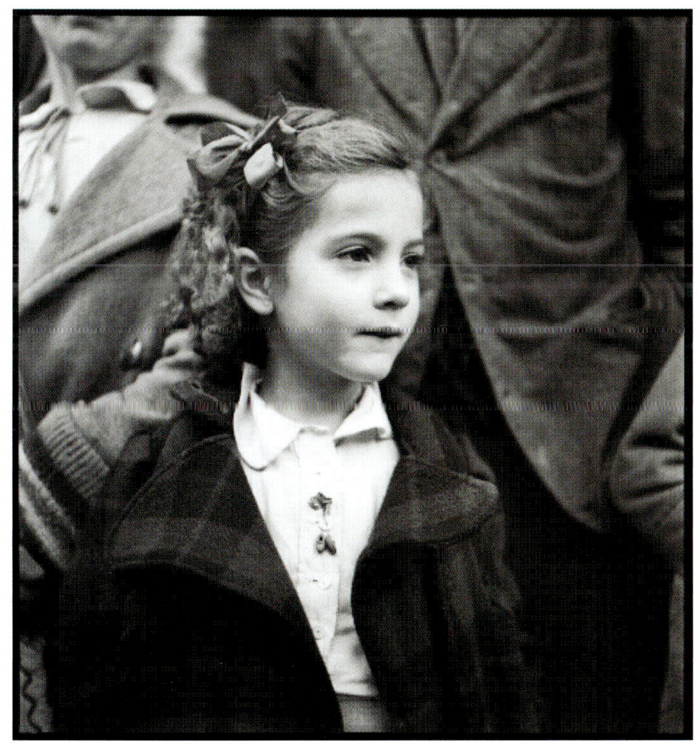

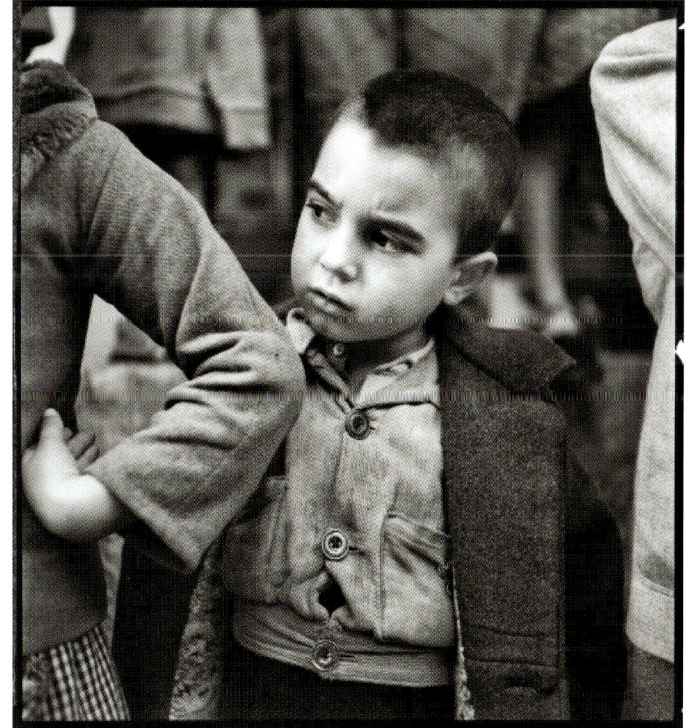

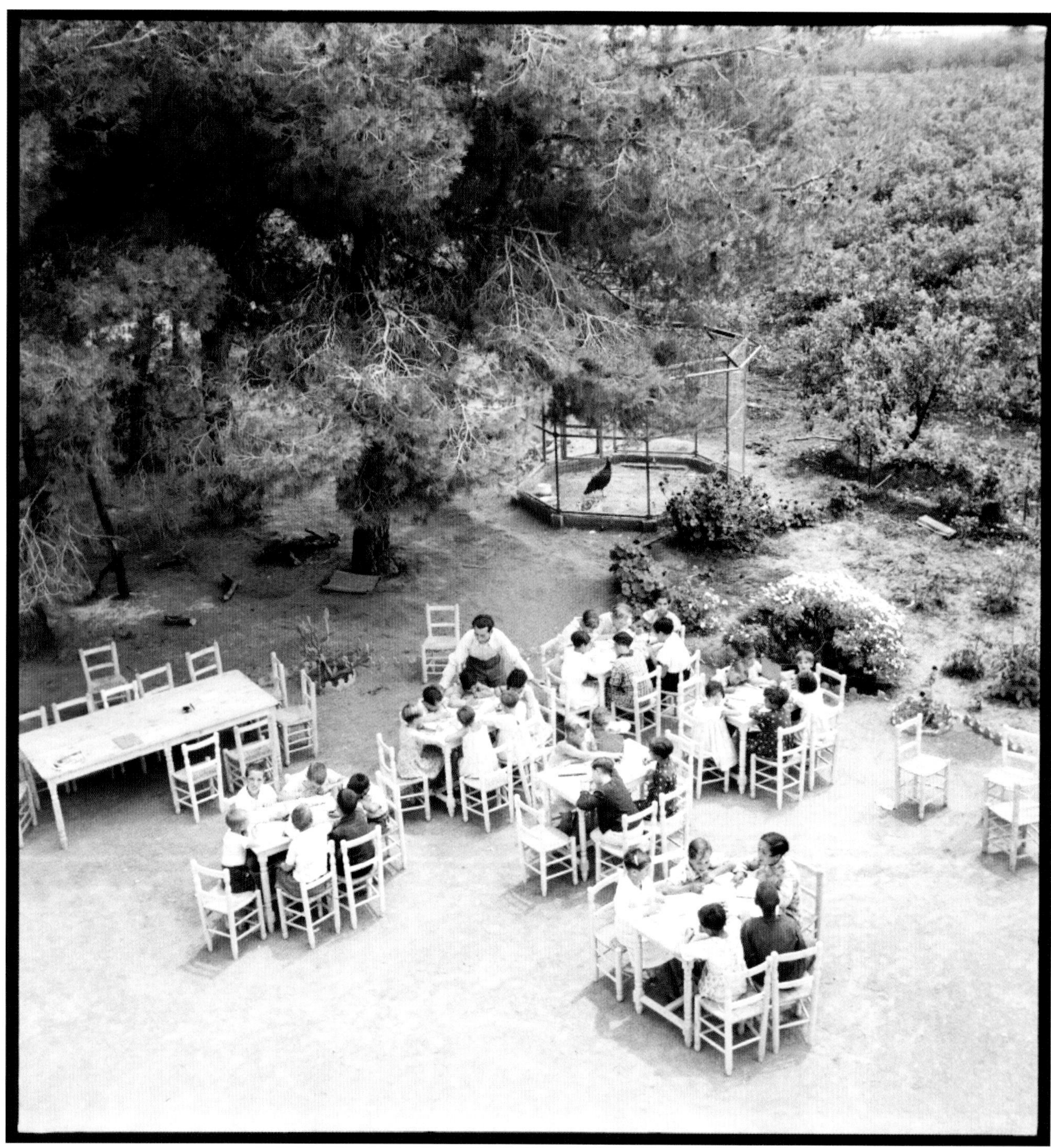

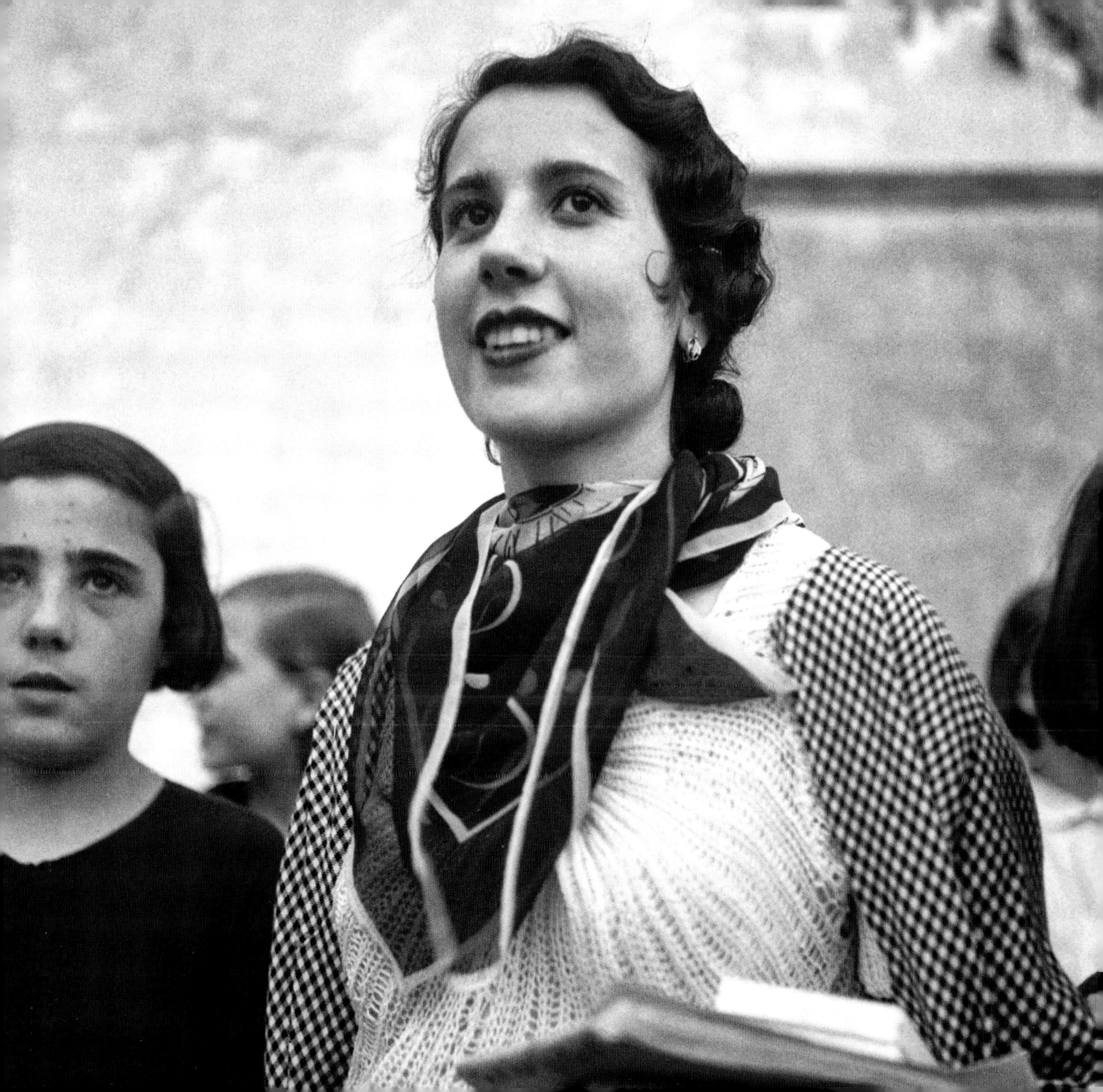

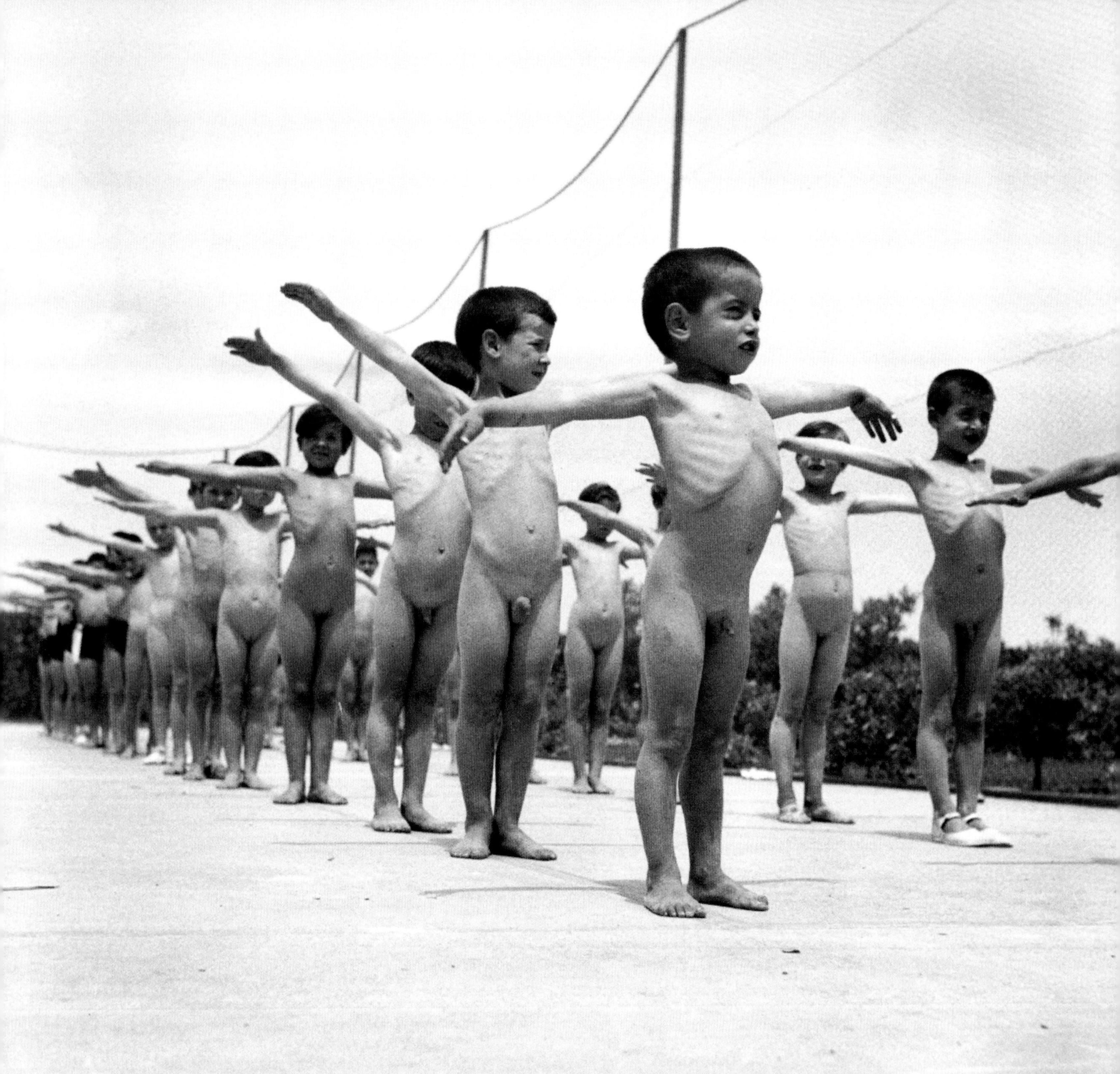

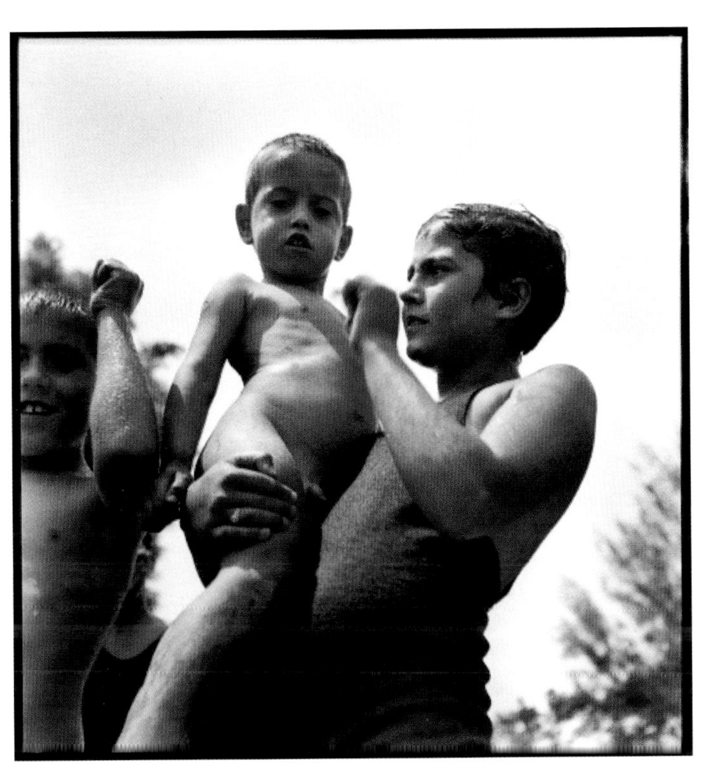

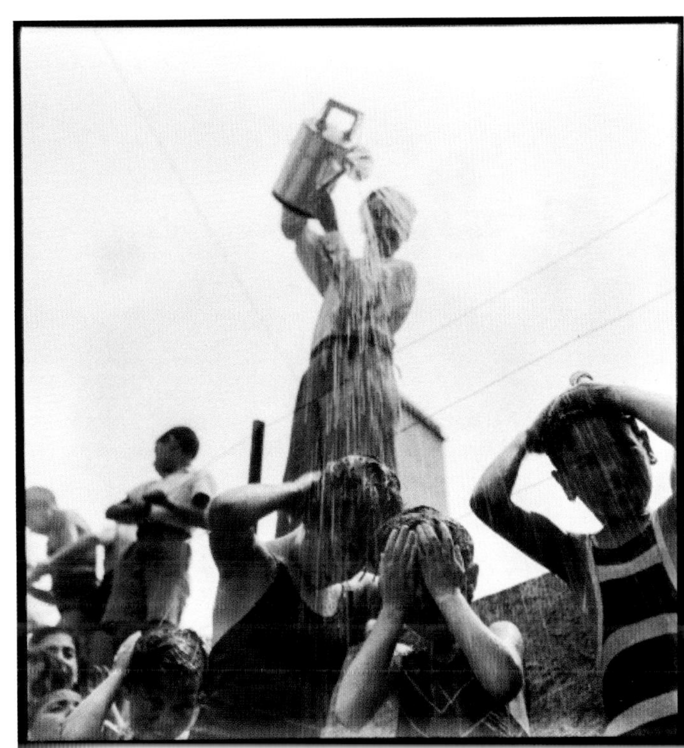

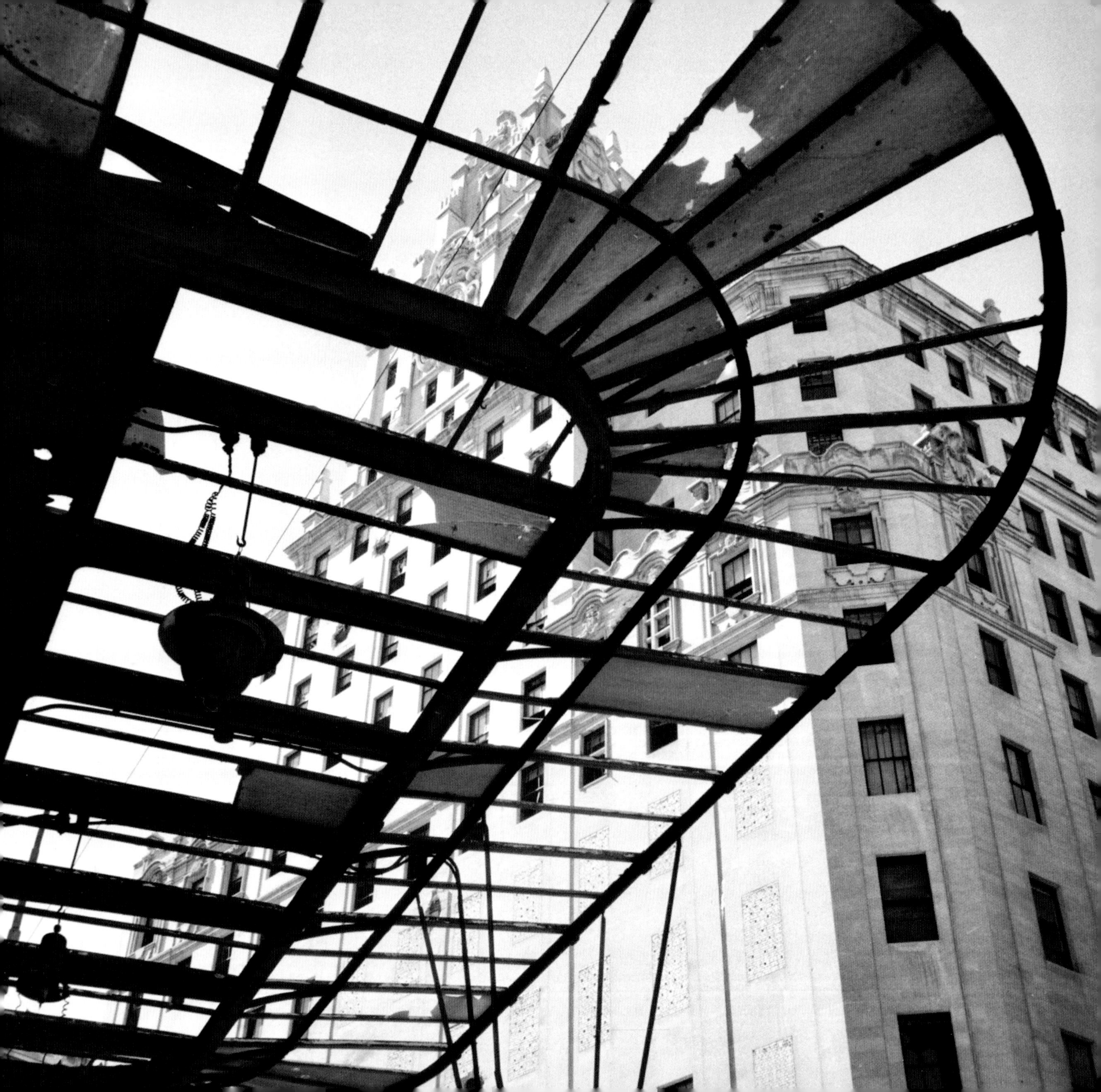

NOTAS MADRILEÑAS

«Los barrios de la periferia norte y oeste de la capital están completamente detruidos y despoblados. En la ciudad de Madrid, más de la mitad de las viviendas y de los edificios públicos están dañados. La escasez de víveres y de combustible no deja de aumentar. Más de 500.000 personas han abandonado la ciudad. Un número equivalente —entre los que se cuentan 70 suizos— ha permanecido en ella. Las cárceles están llenas de prisioneros de guerra y de partidarios de Franco. Los comercios permanecen en parte abiertos; en particular, librerías, estancos y peluquerías. Todas las empresas y los bancos trabajan en los sótanos. Los tranvías y el metro funcionan con normalidad, al igual que el servicio telefónico. De los 250 cines con los que contaba la capital, 50 siguen abiertos y proyectan películas de propaganda (rusas y francesas). Los cafés están repletos de soldados. Cada día, al amanecer o al atardecer, la artillería nacionalista entra en acción y descarga alrededor de 75 proyectiles de todos los calibres sobre la capital. (*Zürcher Illustrierte*, 18 de junio de 1937).

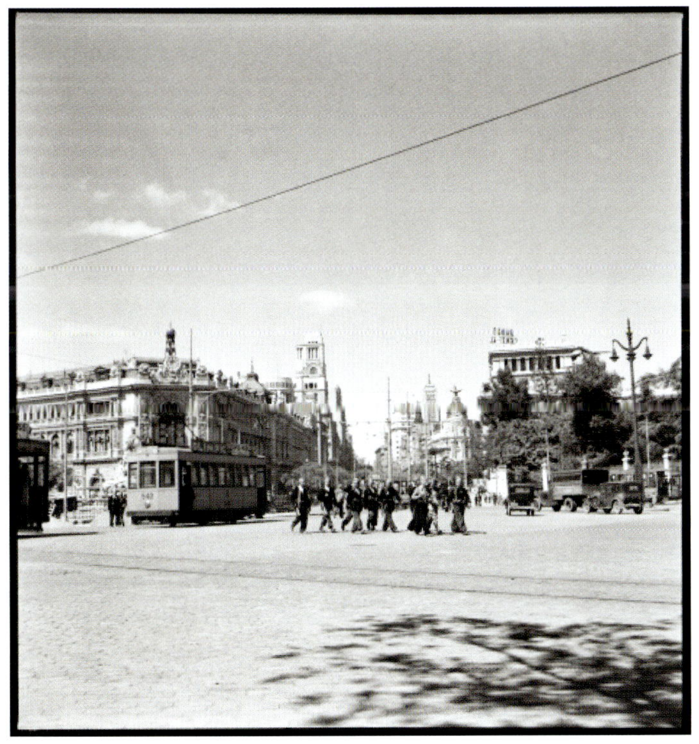

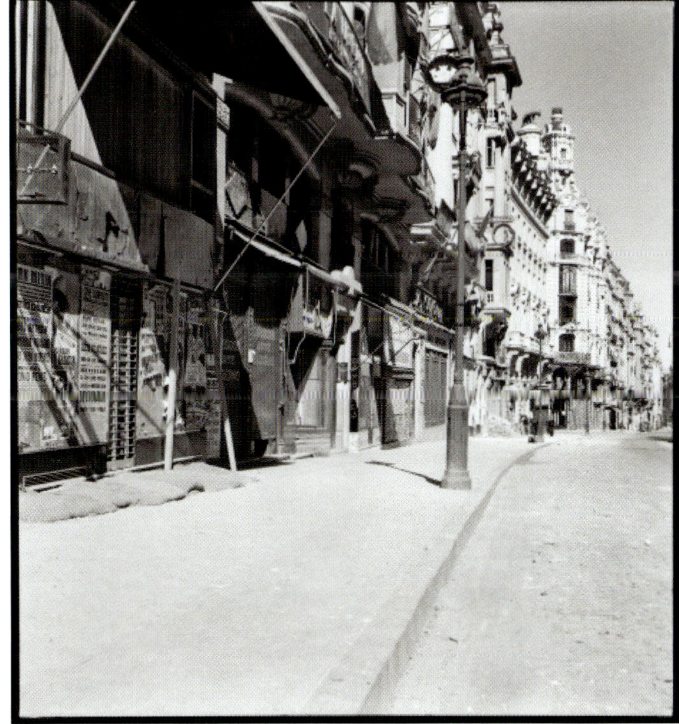

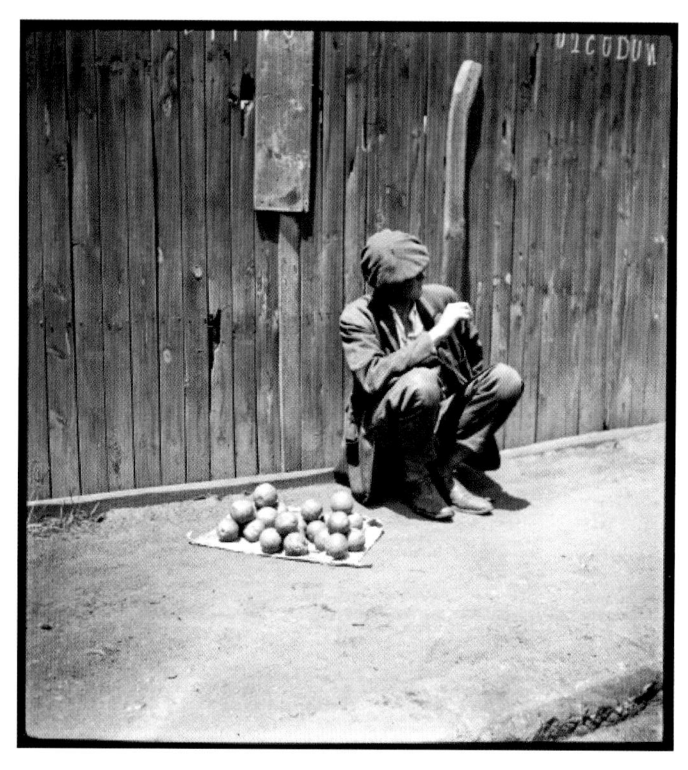

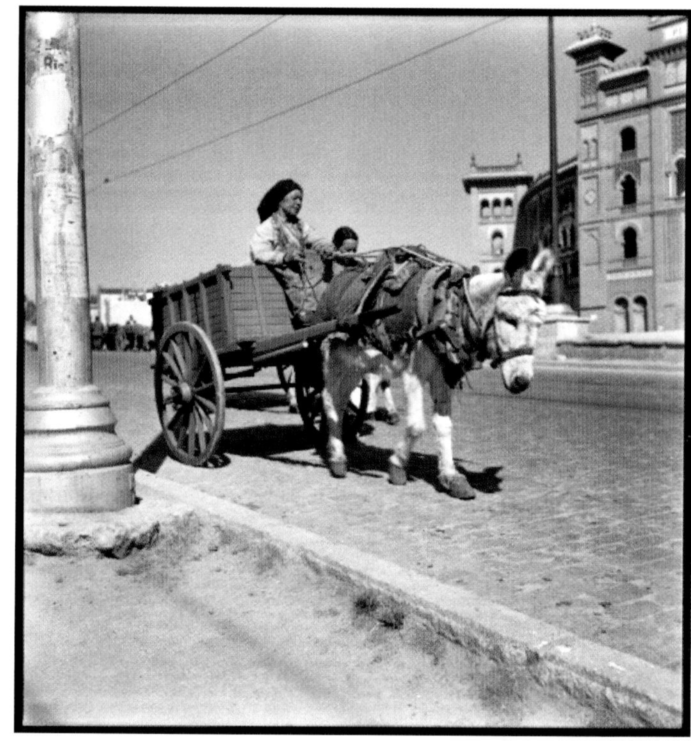

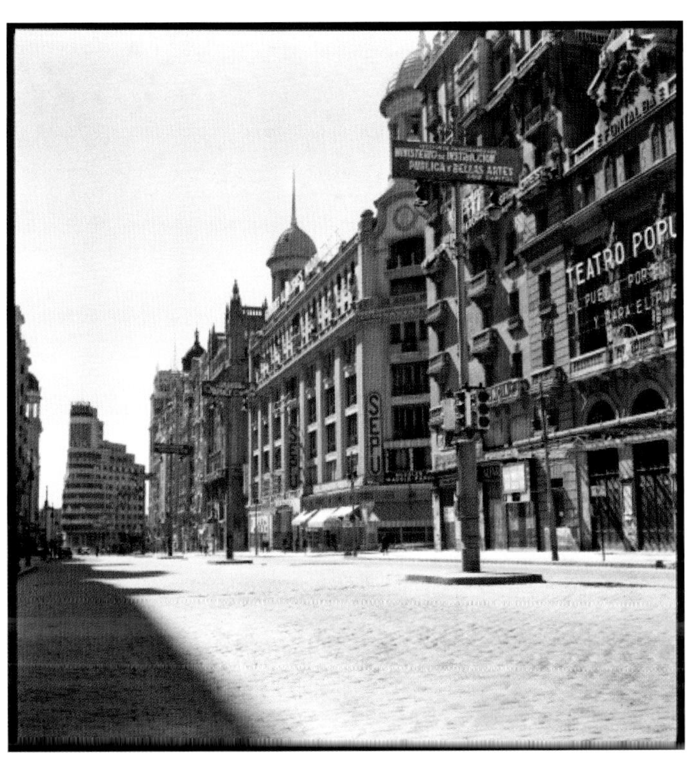
TEATRO POPU
SEPU

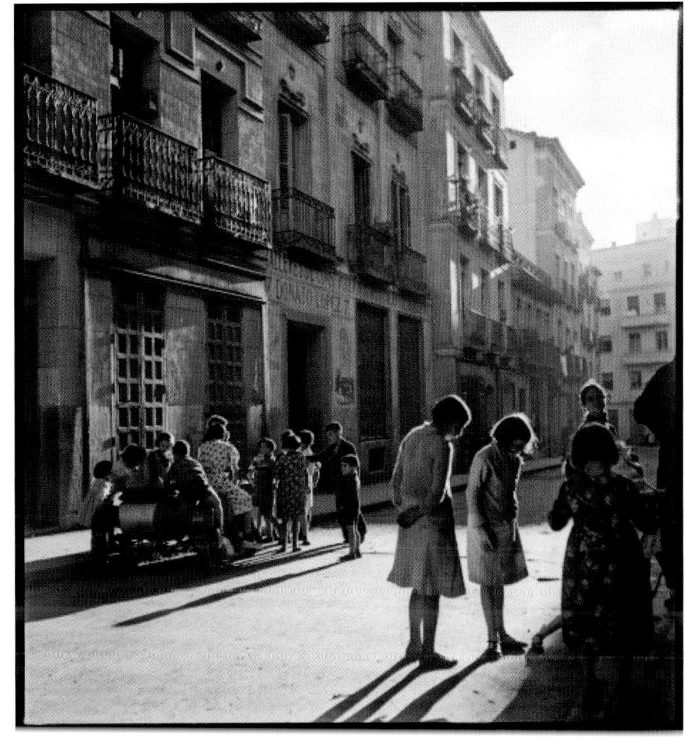

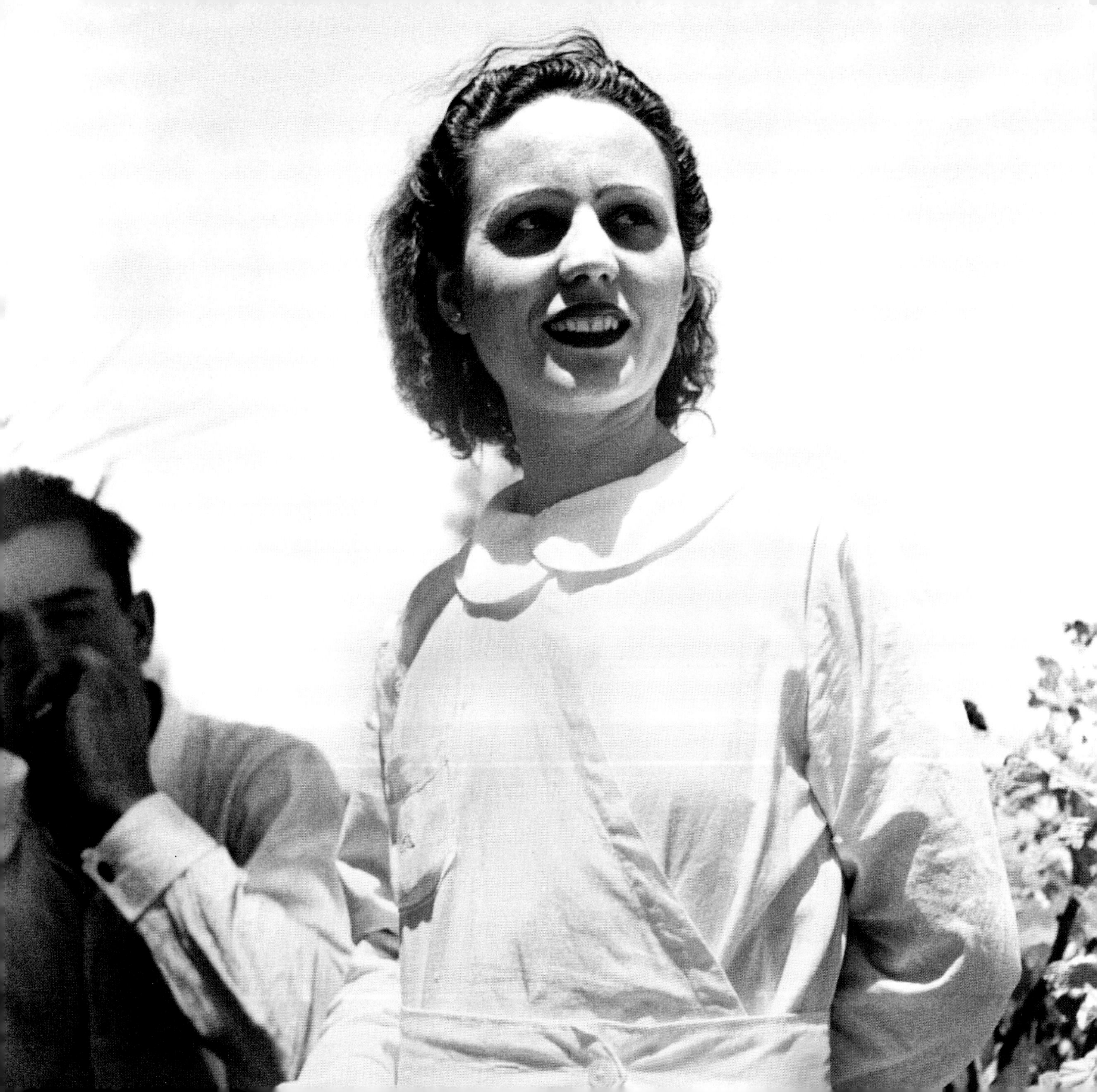

EN EL HOSPITAL MILITAR

«Nuestro reportero se desplazó al hospital militar de Valencia y fotografió cuanto resultó de interés para su cámara. La guerra, que tanto exige al combatiente, no demanda menos del personal médico. Siempre en la brecha, los facultativos no disponen de tiempo para pensar en las causas del conflicto; lo que cuenta son los resultados: hombres que sufren, heridos. No importan ahora sus afinidades políticas; la conciencia profesional les obliga a socorrer y atender a los demás». (*Zürcher Illustrierte*, 18 de junio de 1937)

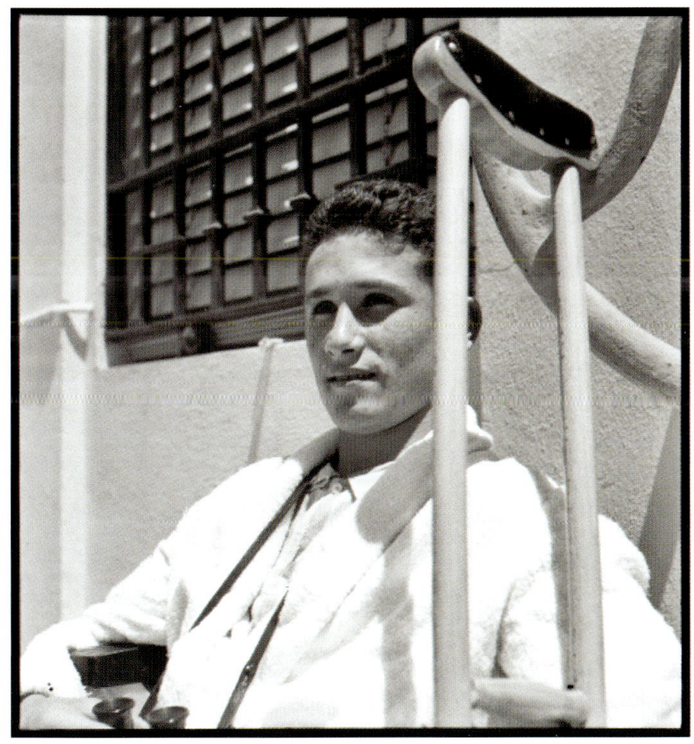

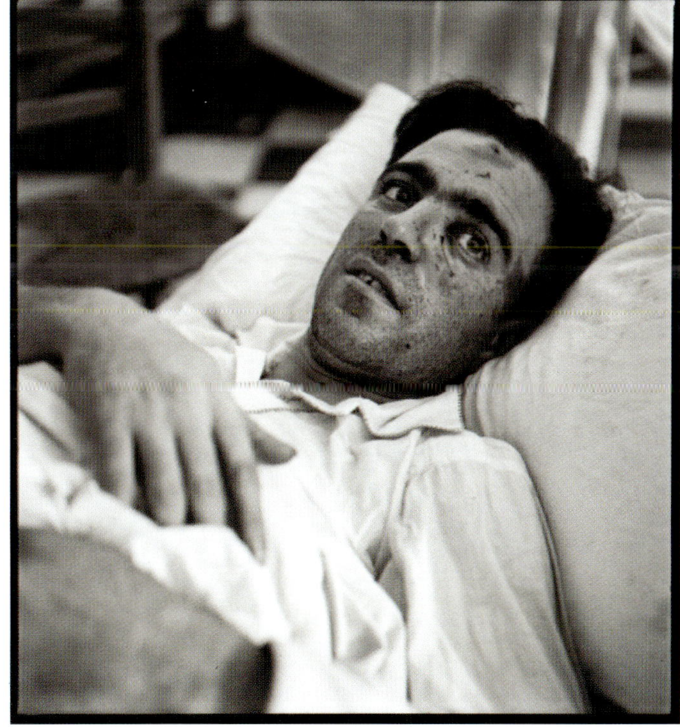

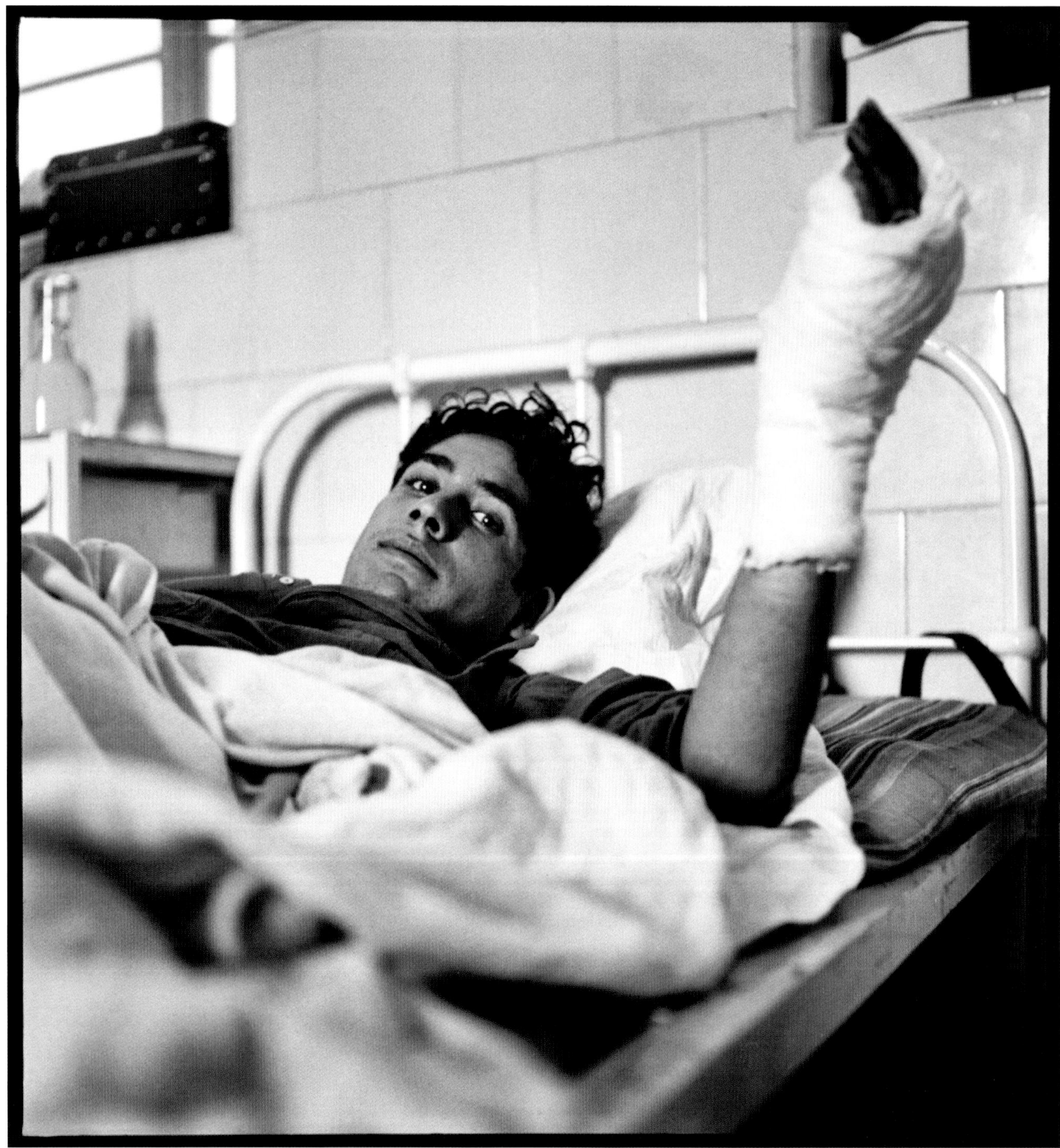

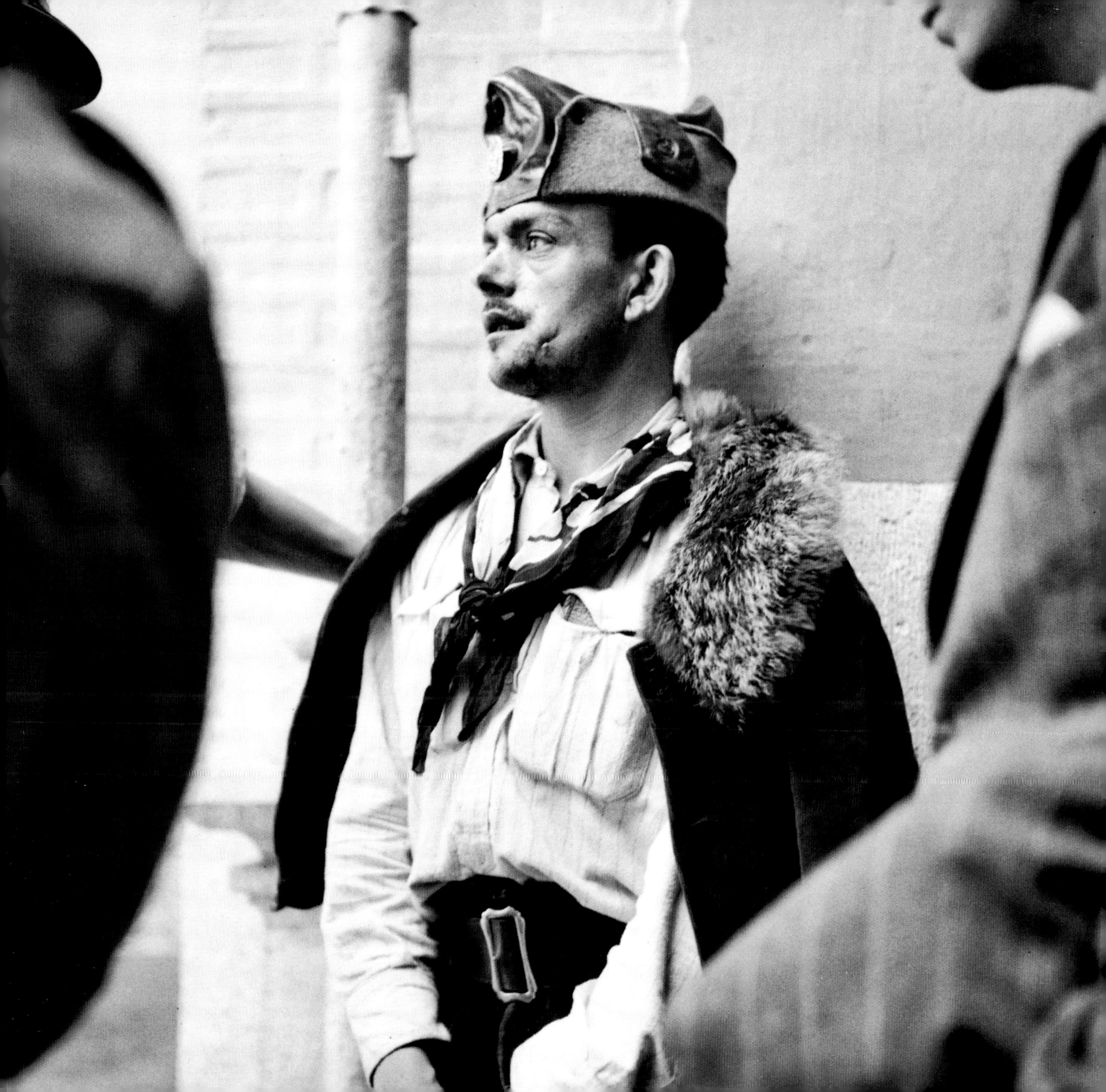

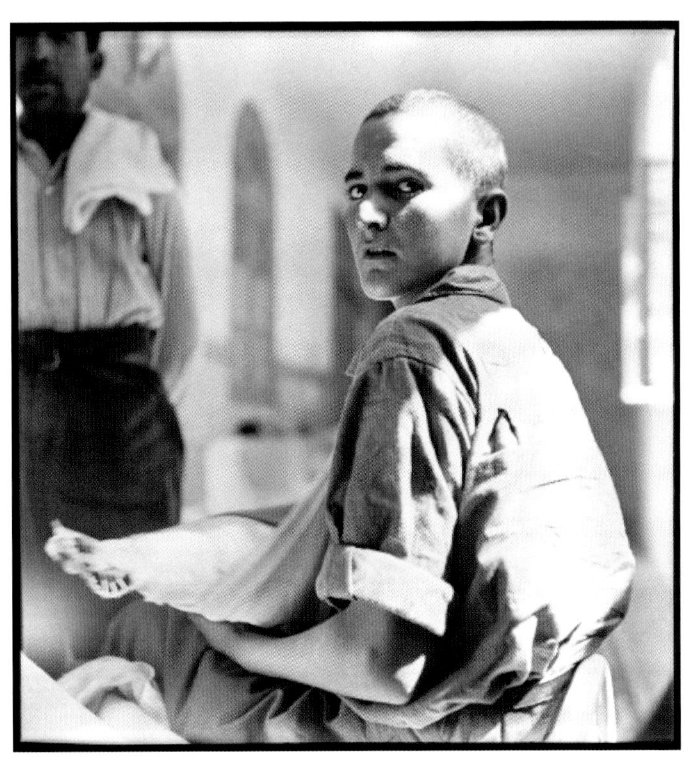

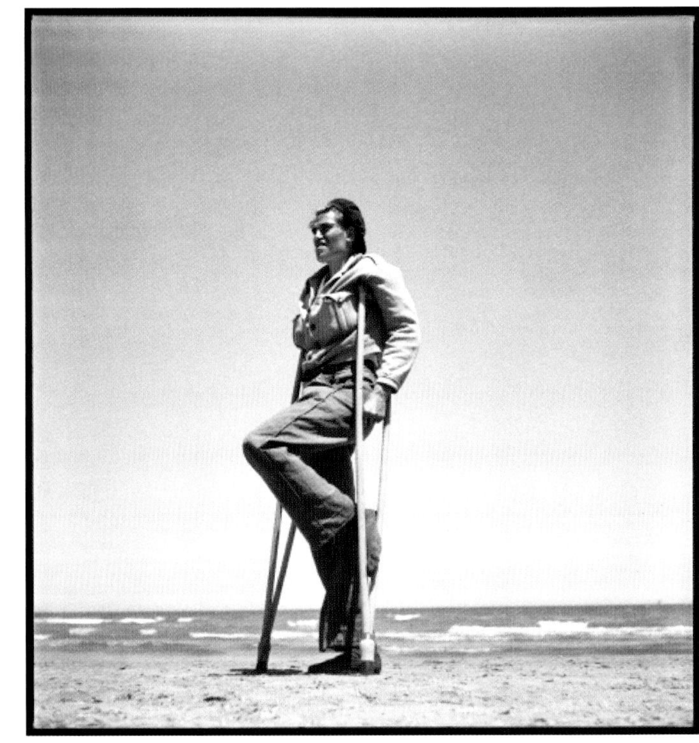

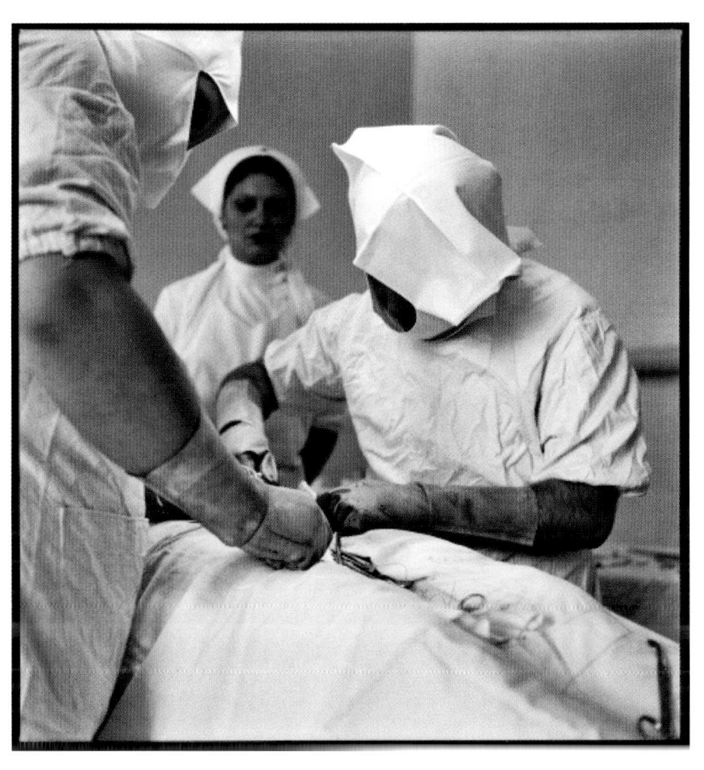

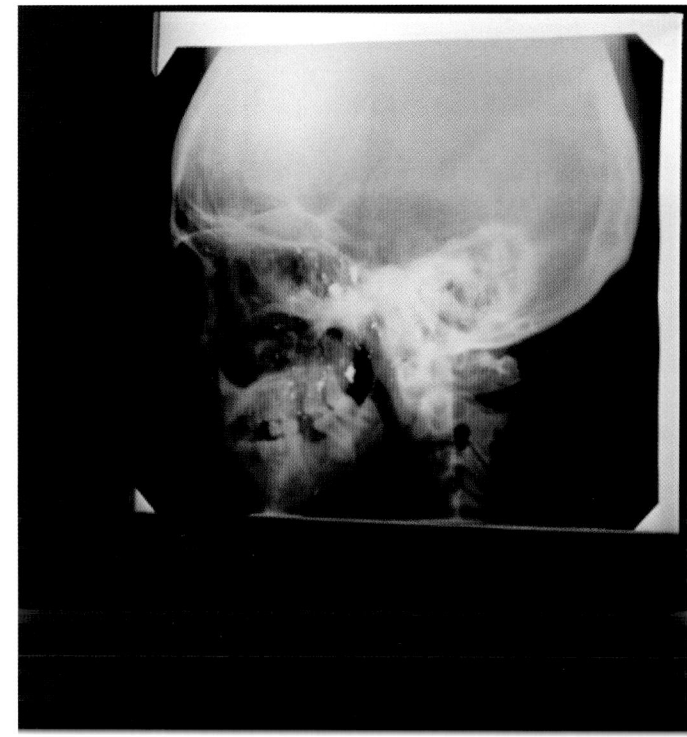

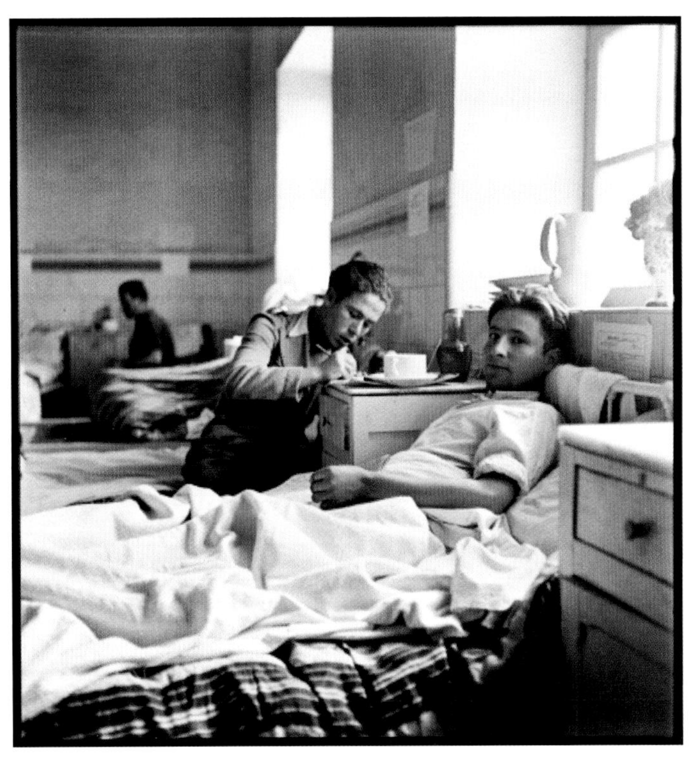

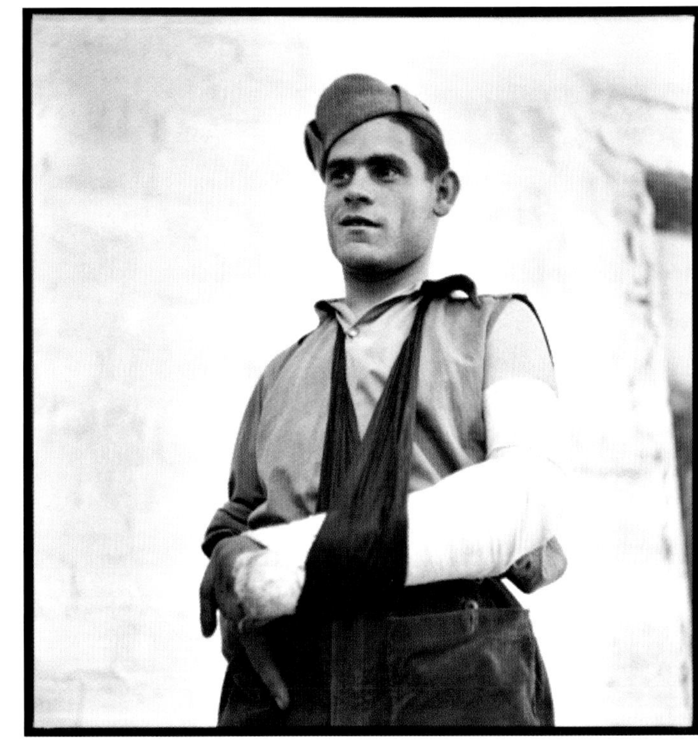

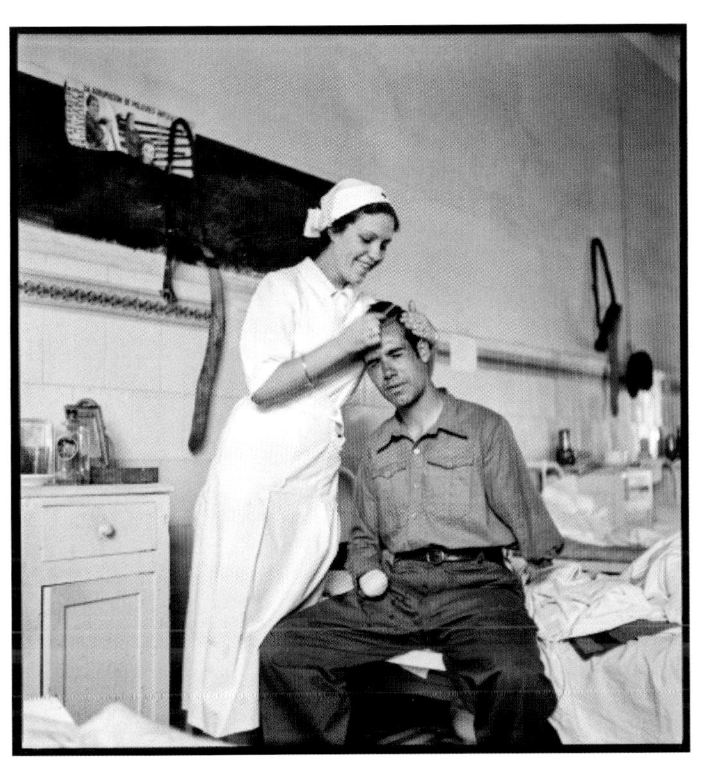

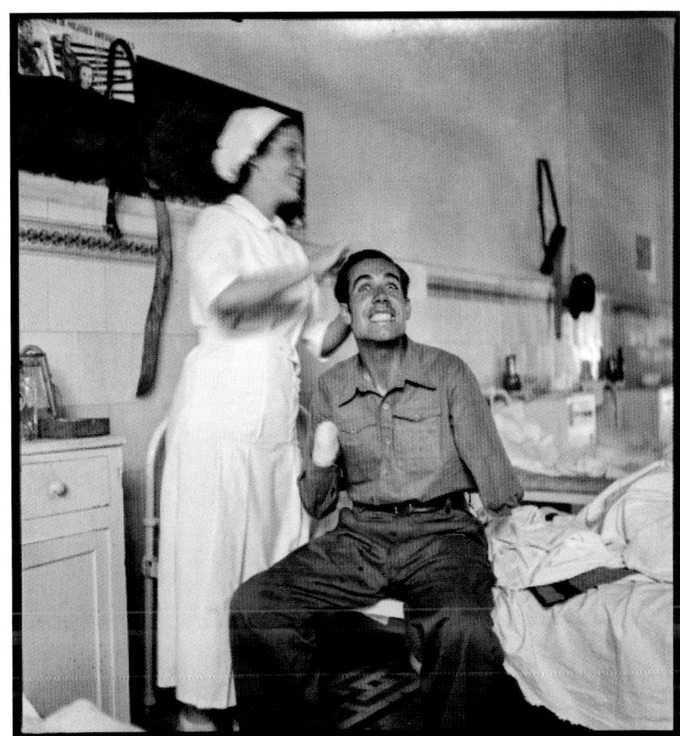

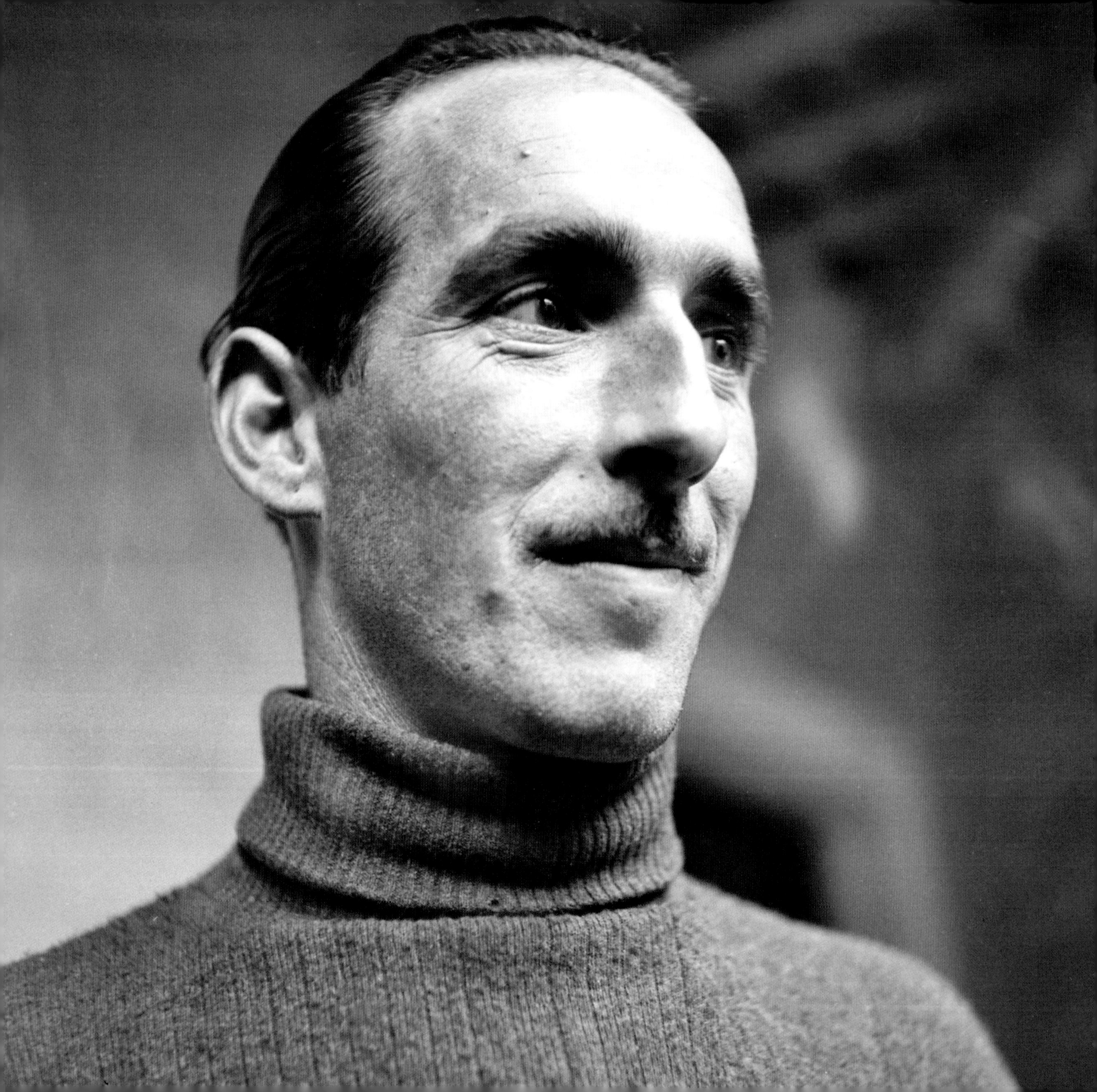

LOS SUIZOS DE LAS BRIGADAS INTERNACIONALES, A LA ESPERA DE REGRESAR A SU PAÍS

Mil ciudadanos suizos se alistaron en las Brigadas Internacionales al servicio de la España gubernamental. No nos incumbe discernir los motivos que les llevaron a tomar tal decisión. Nuestra función, como periódico neutral, no nos permite extralimitarnos ni erigirnos en fiscales o defensores de estos hombres. Nos limitamos a preguntarles y a mostrar sus rostros. En una pequeña ciudad catalana, ochenta suizos aguardan el momento de regresar a su país. Pese a las recomendaciones de las autoridades competentes, nuestro colaborador hubo de afrontar numerosas dificultades, de las que salió airoso gracias a su valor y sangre fría». (*Zürcher Illustrierte*, 1938).

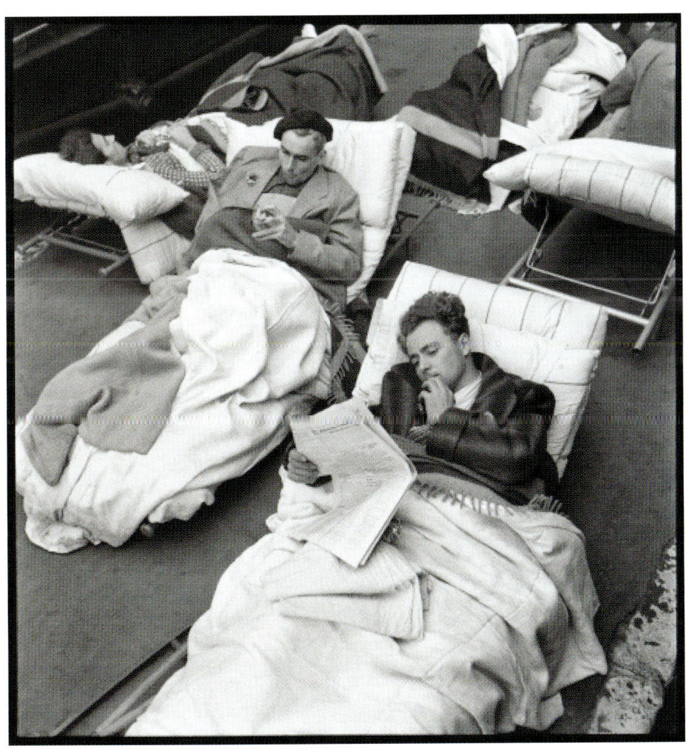

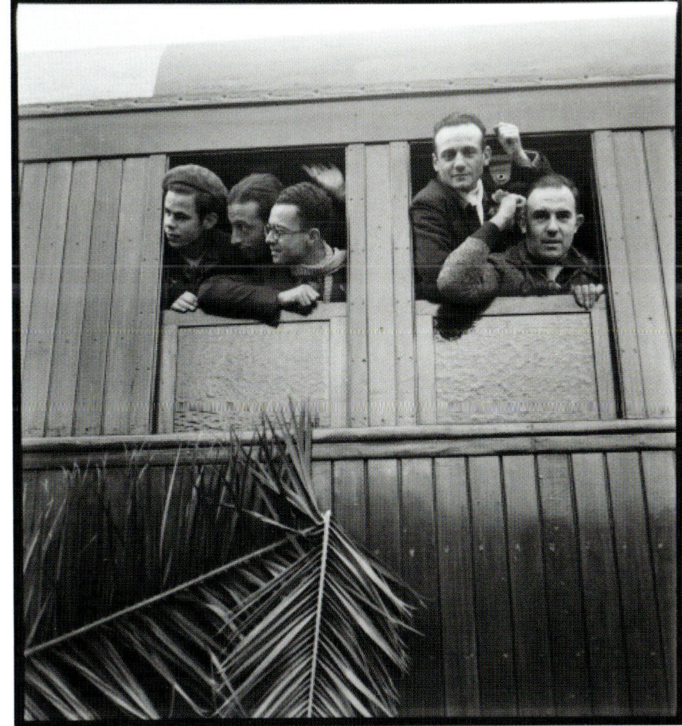

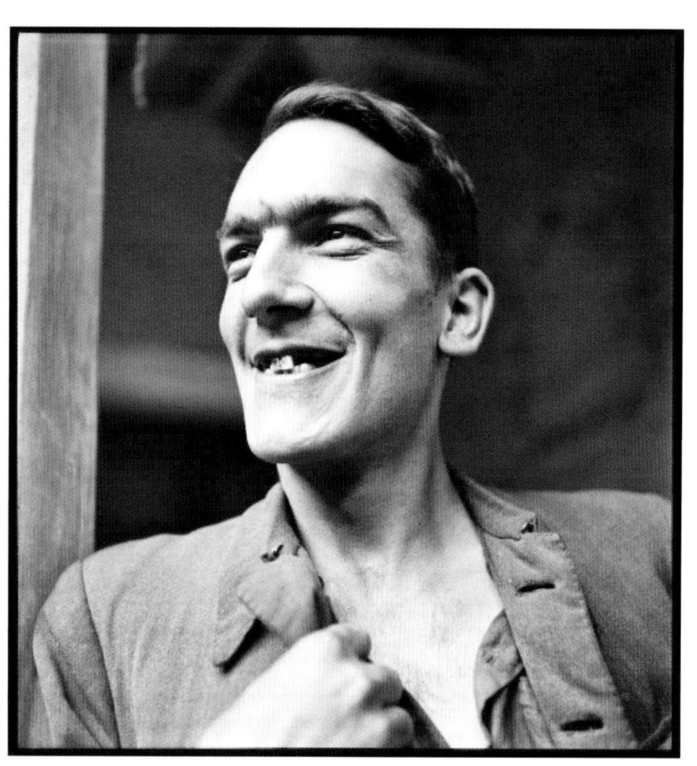

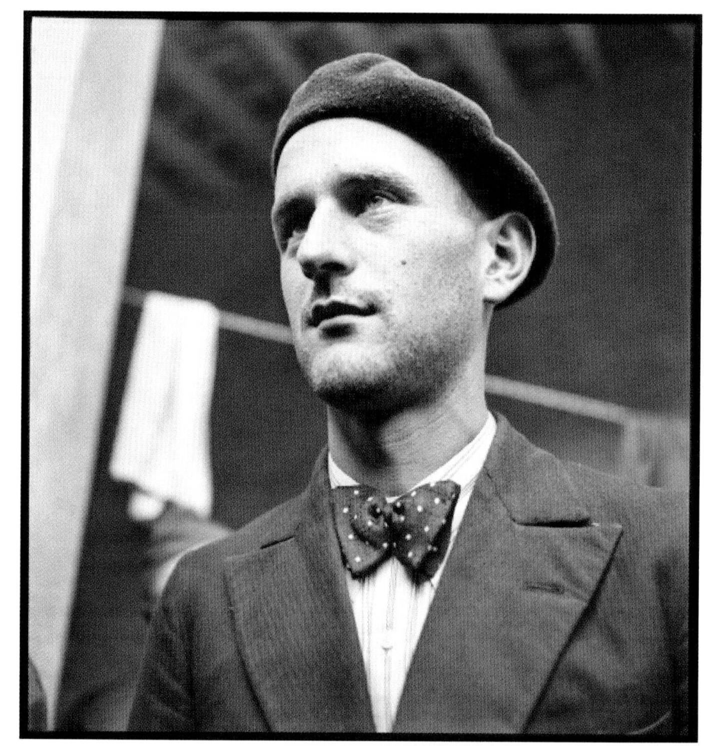

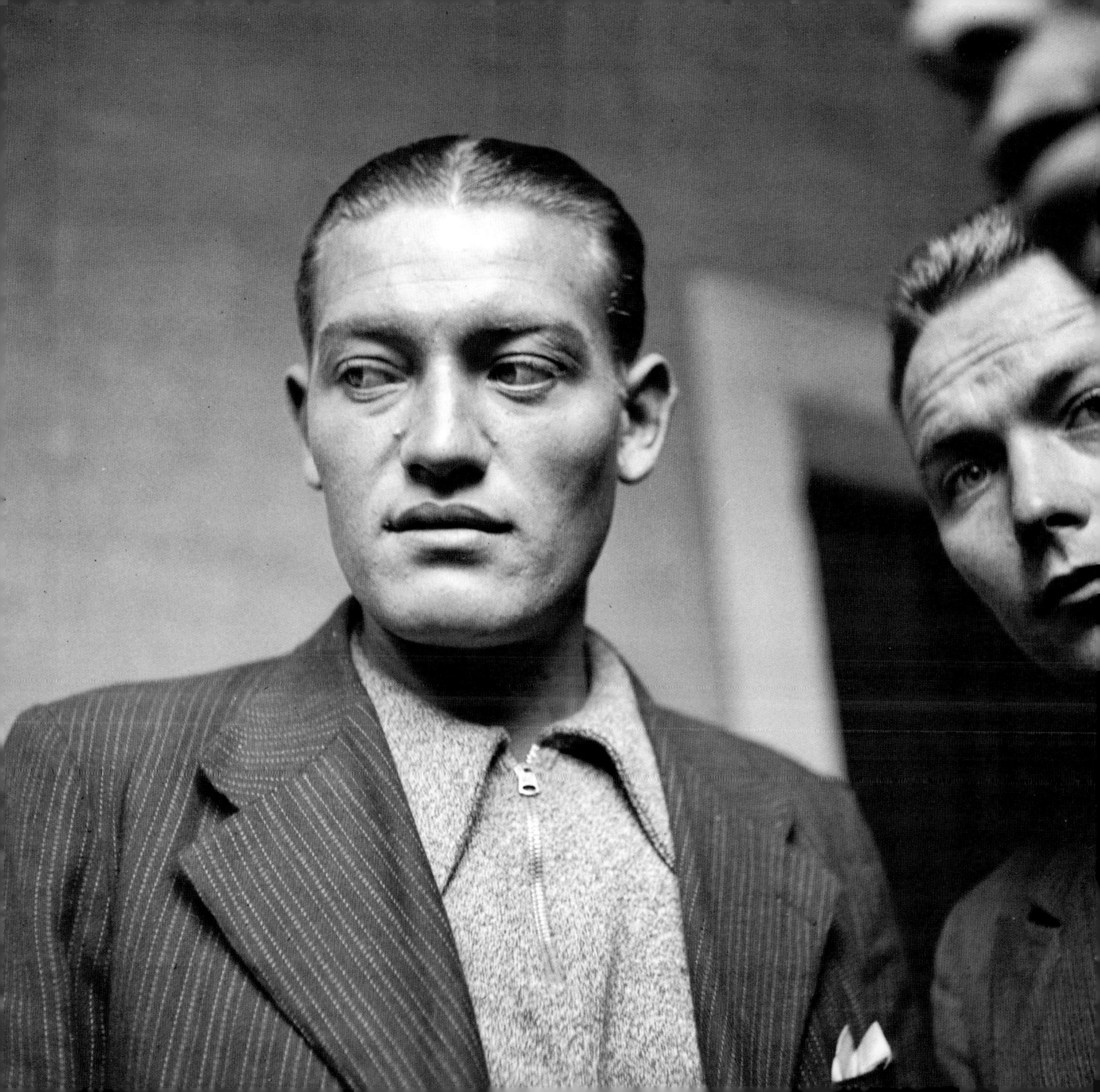

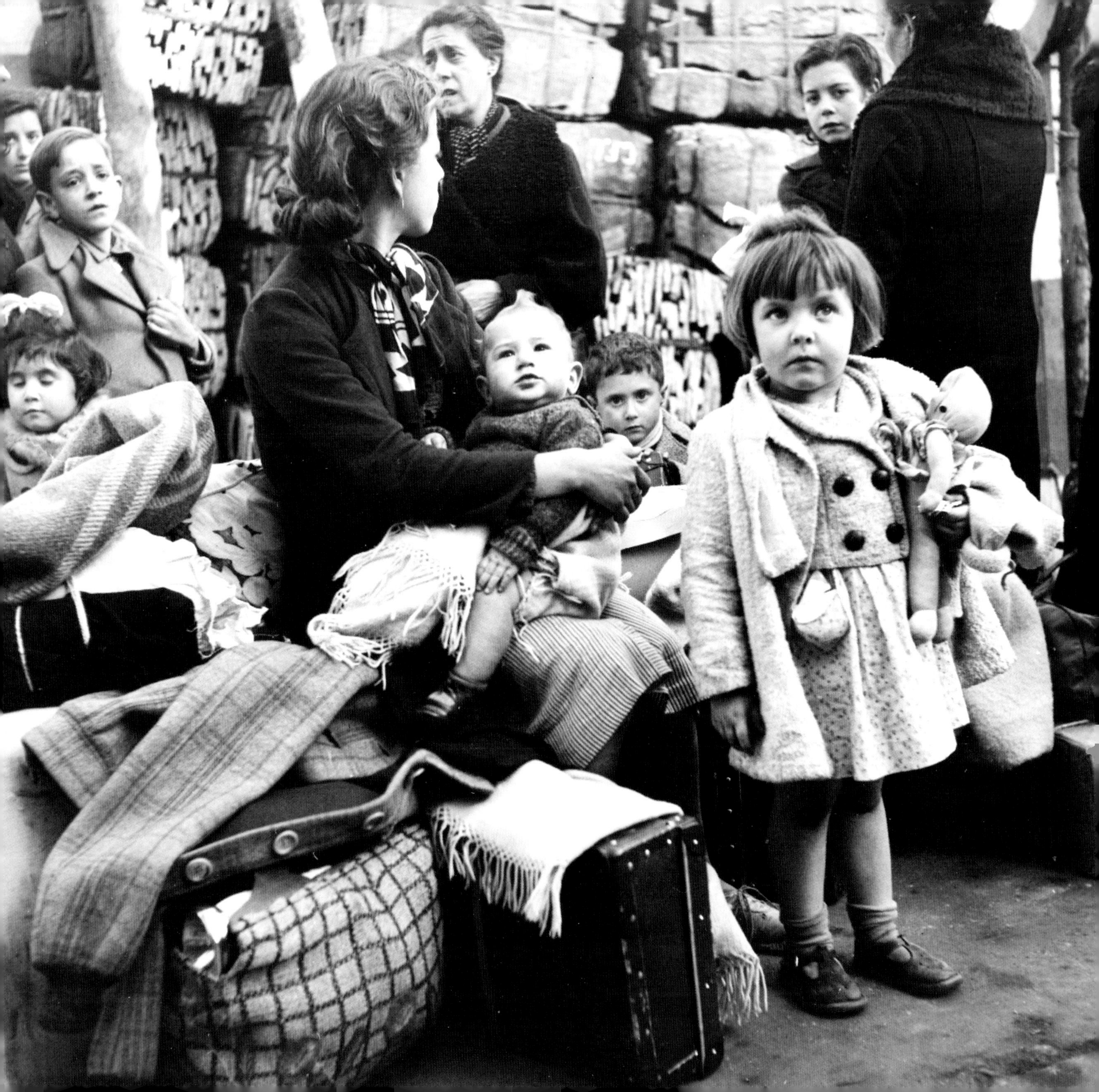

LA RETIRADA

El 28 de enero de 1939, a las 9 de la mañana, la multitud de refugiados españoles que se apiñaba en la frontera francesa fue finalmente autorizada a cruzar en Le Perthus. Días antes, muchos habían intentado pasar por la montaña para huir del avance de las tropas franquistas. Periodistas y fotógrafos se agolpan para dar testimonio del éxodo, cerca de unos ciento cincuenta reporteros, entre ellos Paul Senn. Su testimonio resulta decisivo: muestra el impulso solidario de la población francesa y de buena parte del mundo, pese a la deplorable acogida dispensada por las autoridades de Francia a los 500.000 refugiados. Las imágenes de Senn se publican con rapidez en *Zürcher Illustrierte* y, el 3 de febrero, una fotografía ocupa la portada. La semana siguiente, el día 10, aparece el reportaje de cuatro páginas del enviado especial, bajo el título «El éxodo trágico de los catalanes», que la revista presenta así: «Sin pasaporte, sin dinero, mujeres, ancianos, niños, expulsados de Cataluña por la guerra, huyen hacia Francia. Los seis pasos fronterizos de Bourg-Madame (La Guingueta d'Ix), Prats de Molló, el fuerte de Bellegarde, el Coll d'Ares y Le Perthus, y la carretera de la costa de Portbou a Cervera, sufren atascos de vehículos diversos y peatones. En cuatro días, 30.000 refugiados han pasado por el collado de Le Perthus».

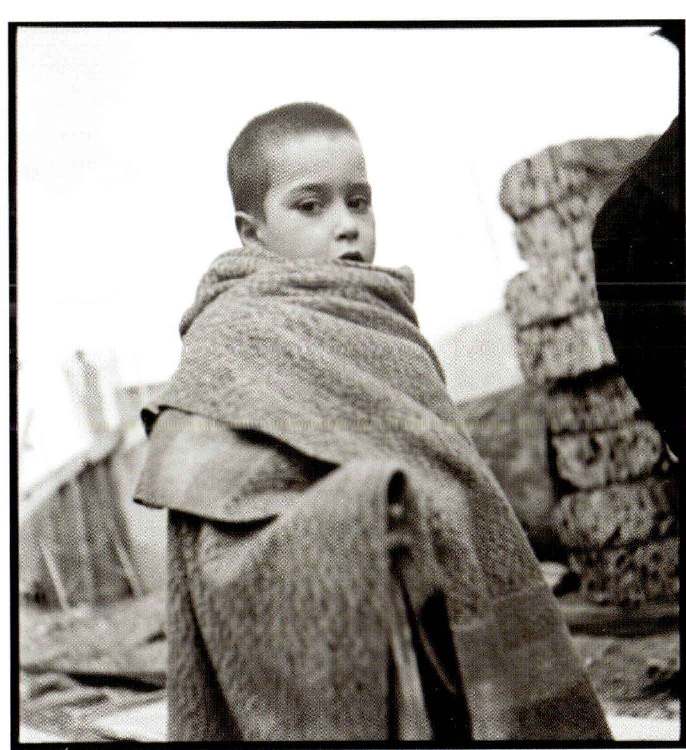

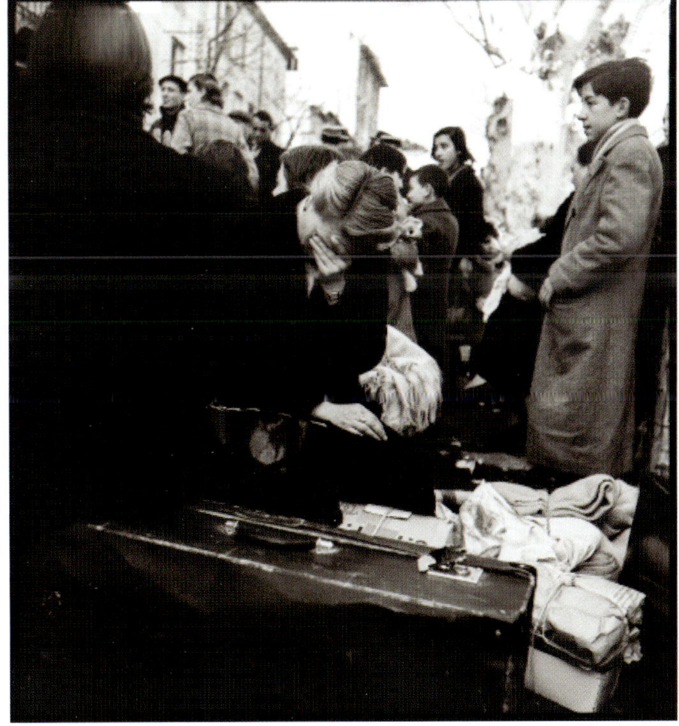

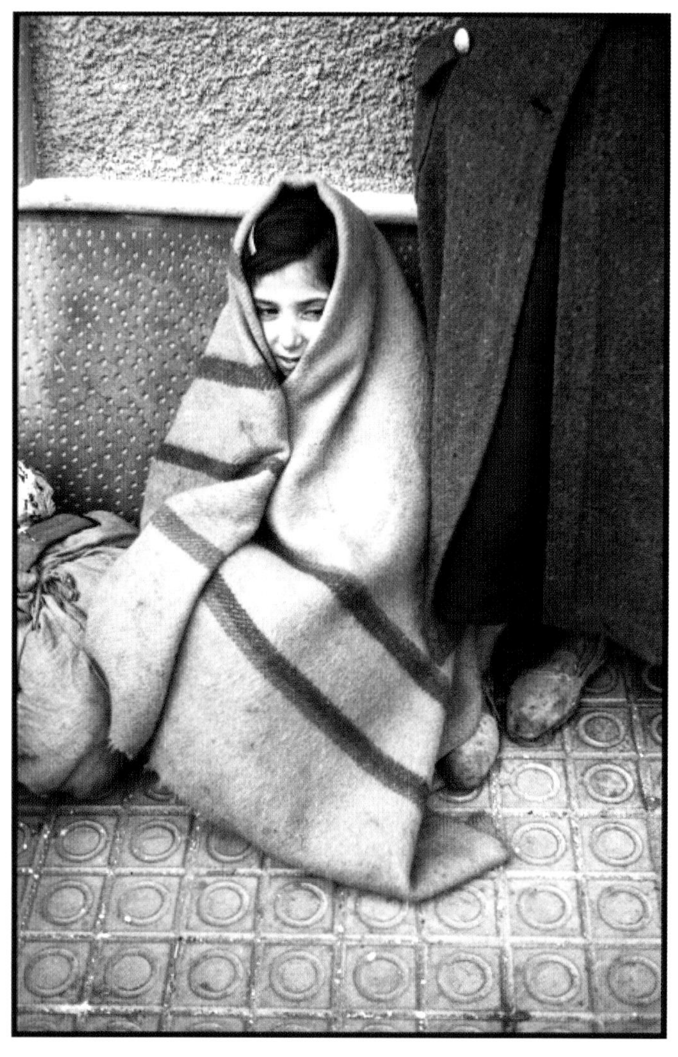

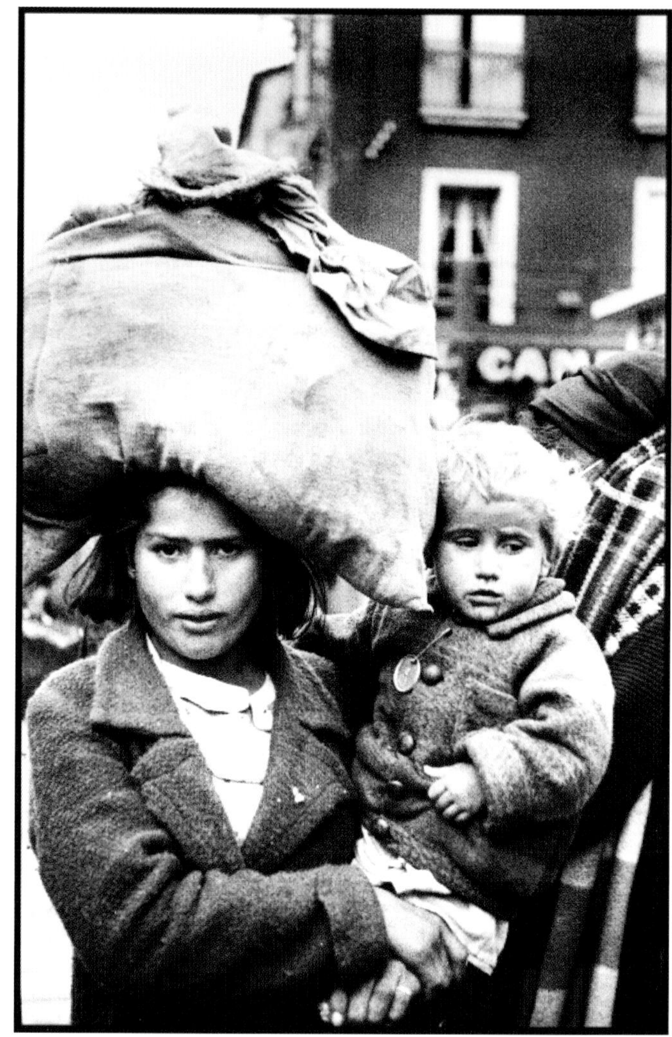

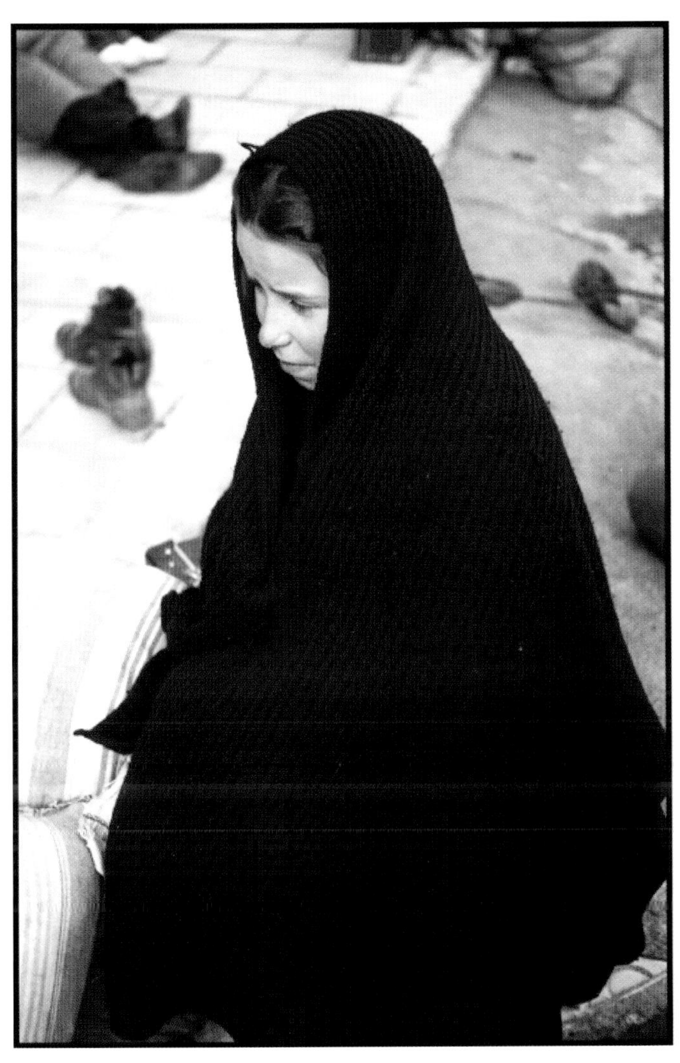

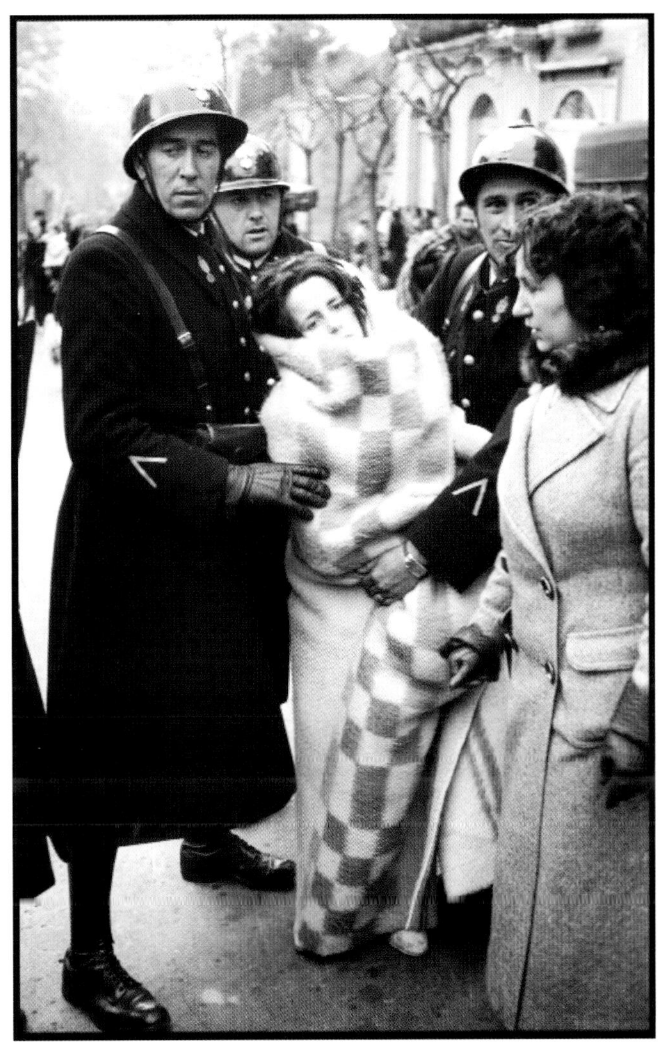

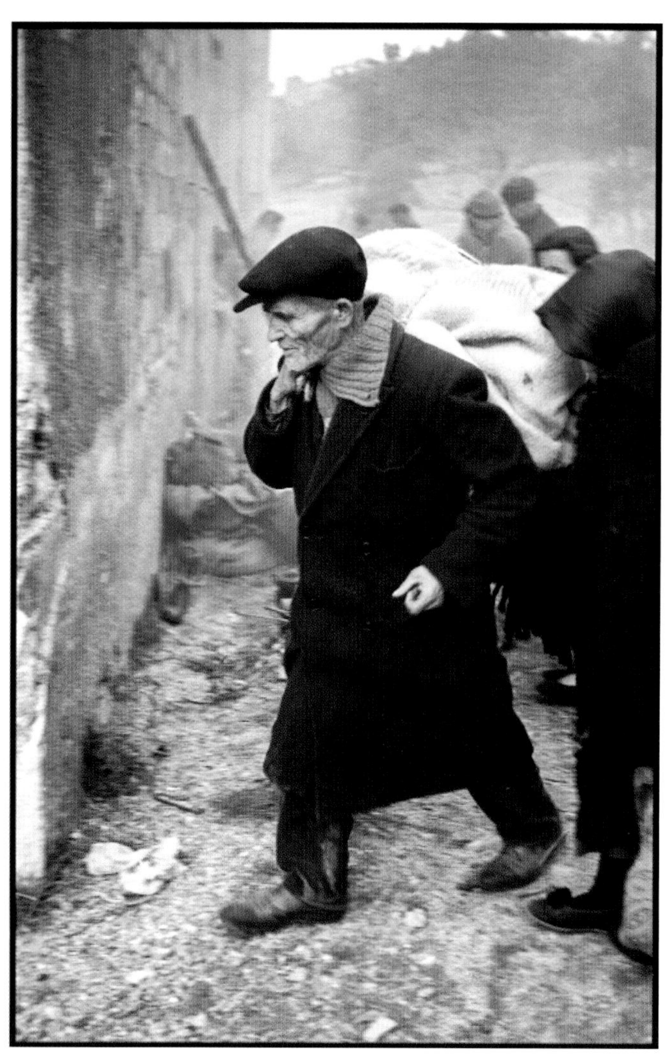

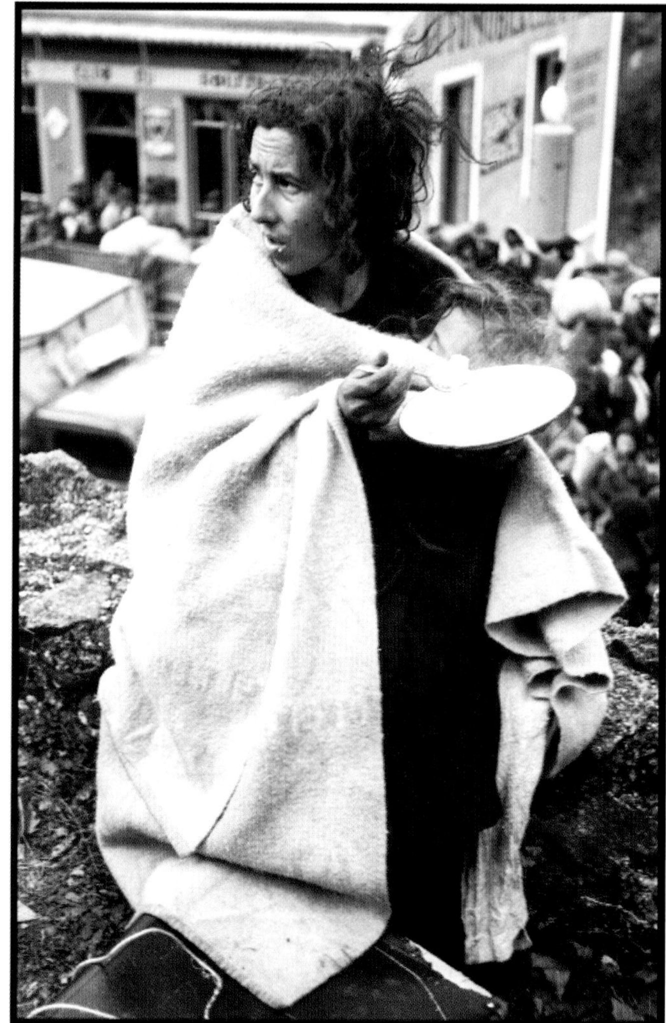

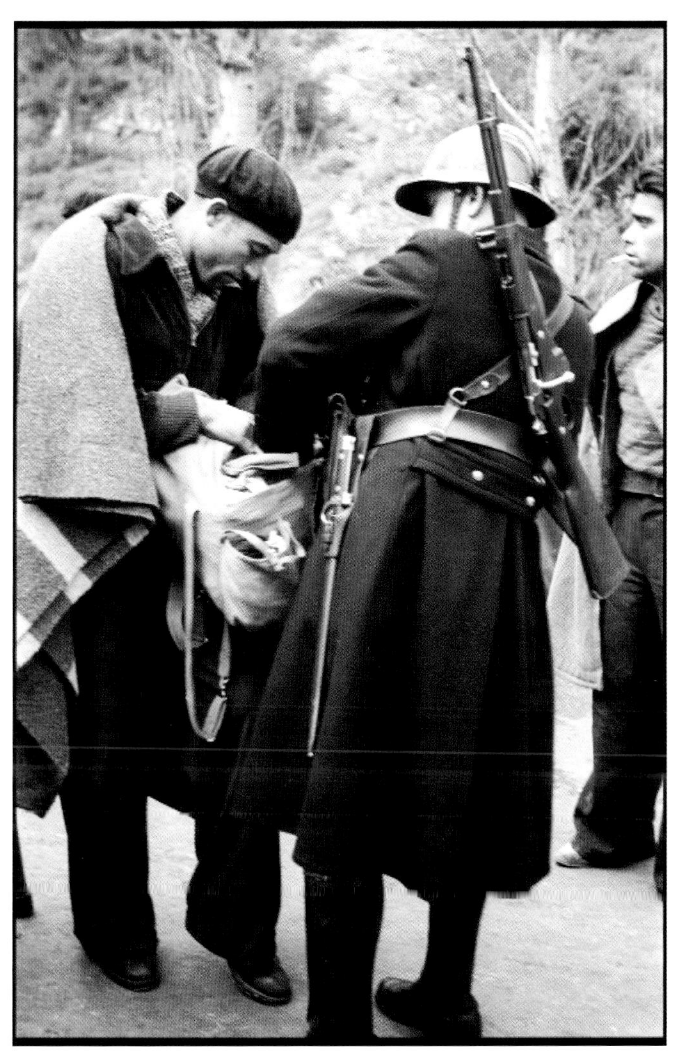

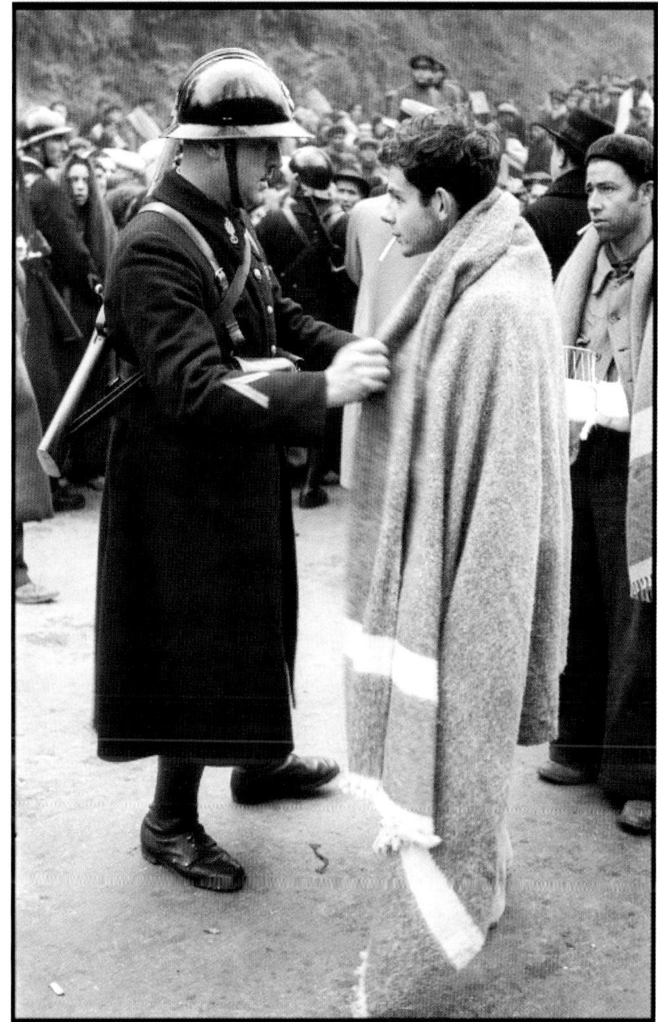

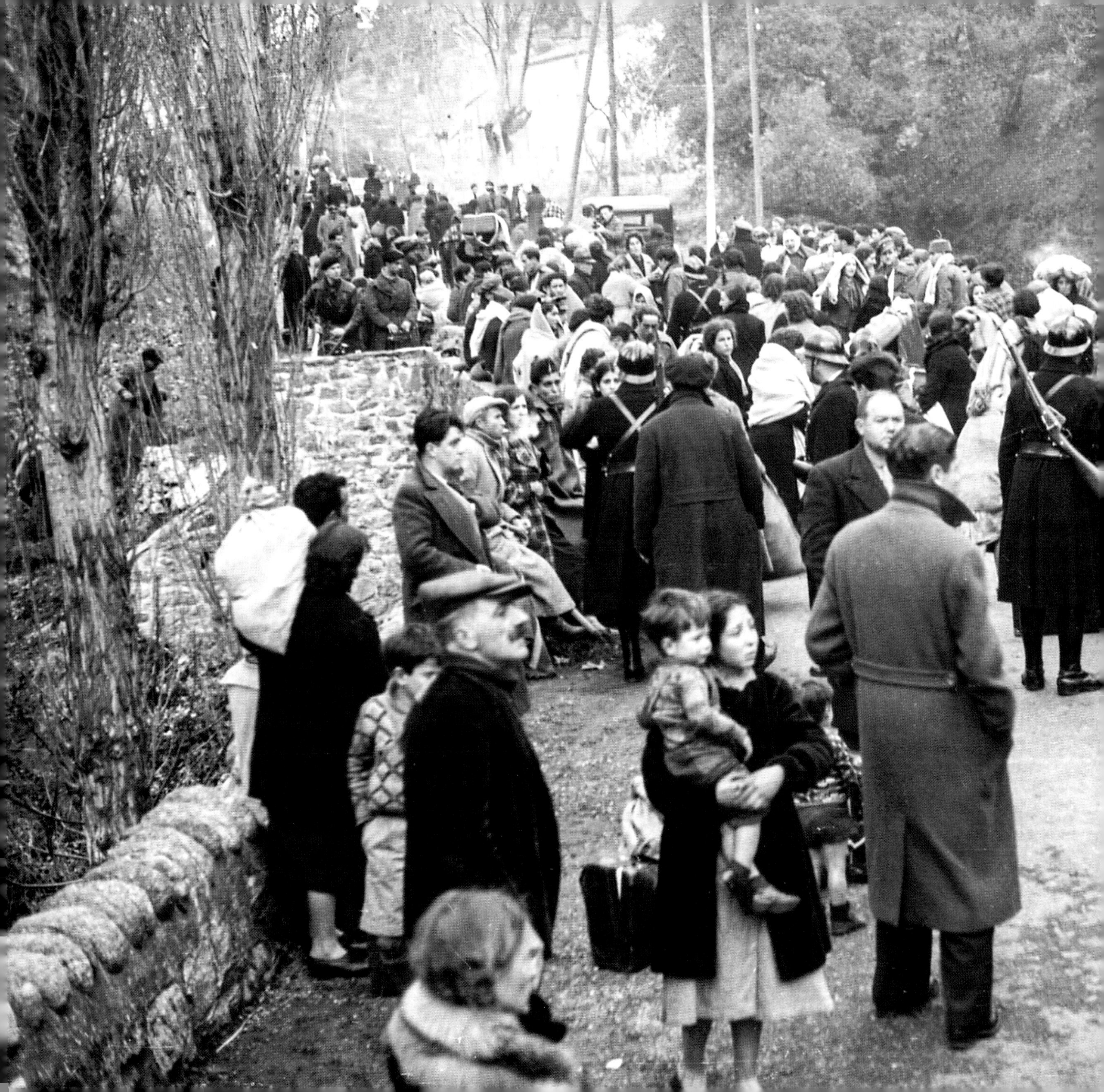

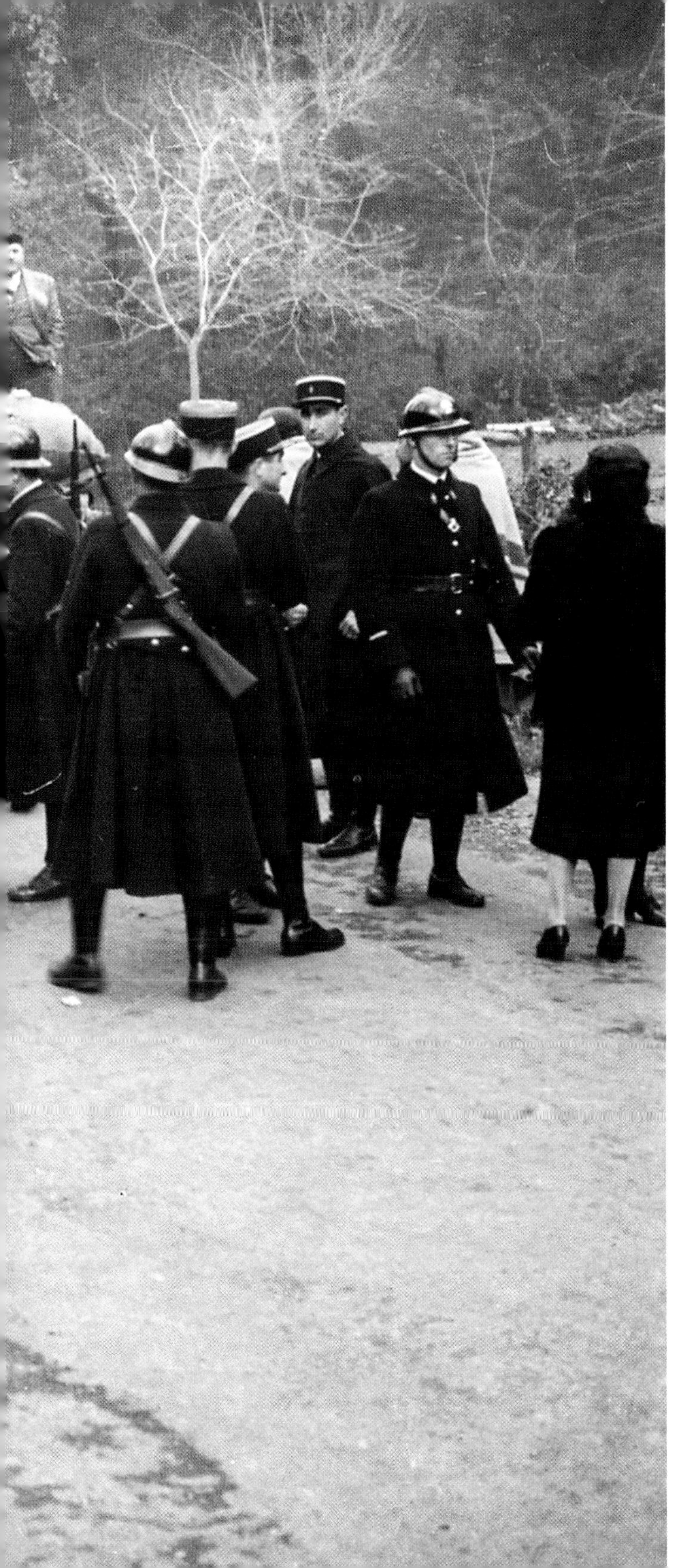

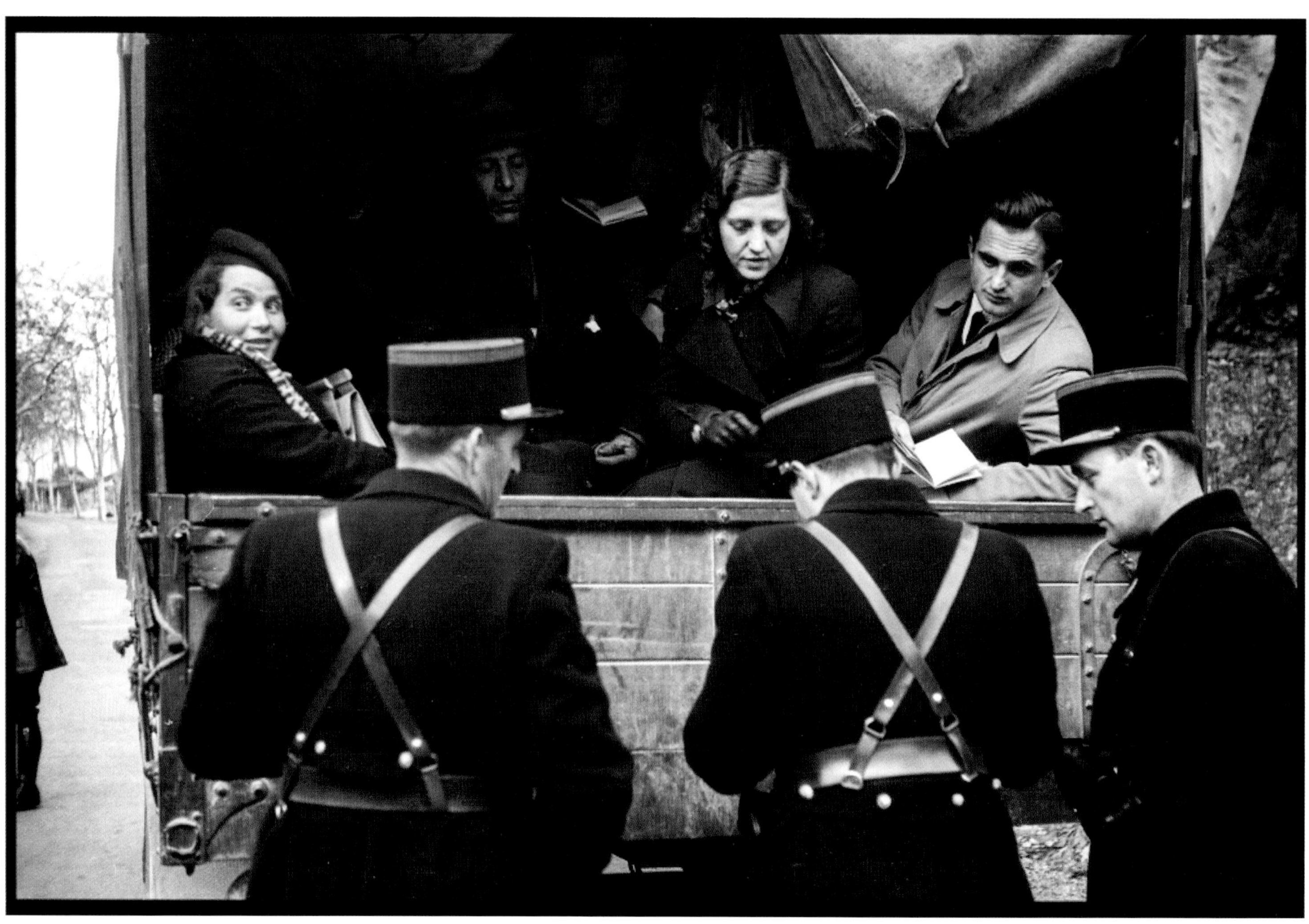

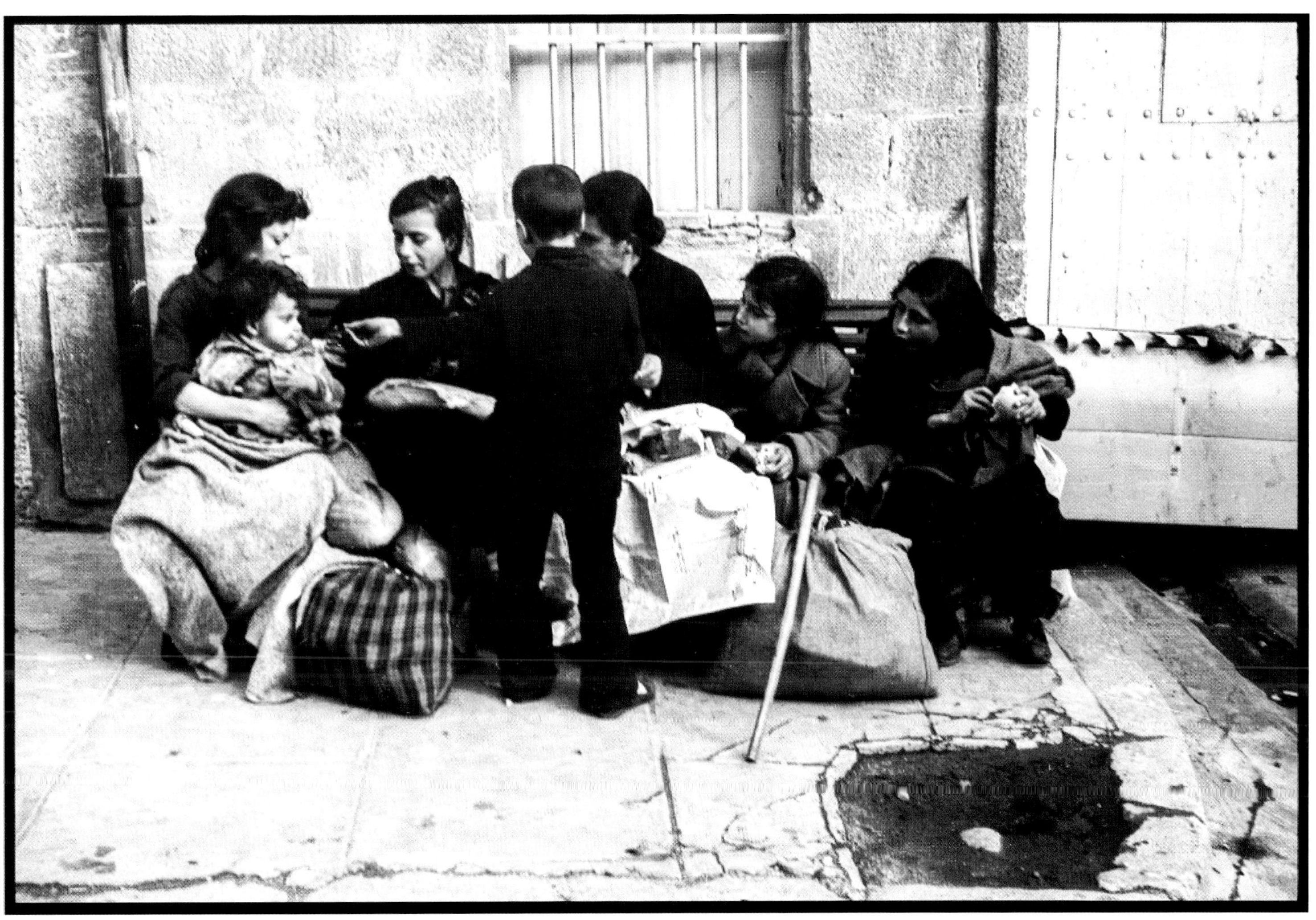

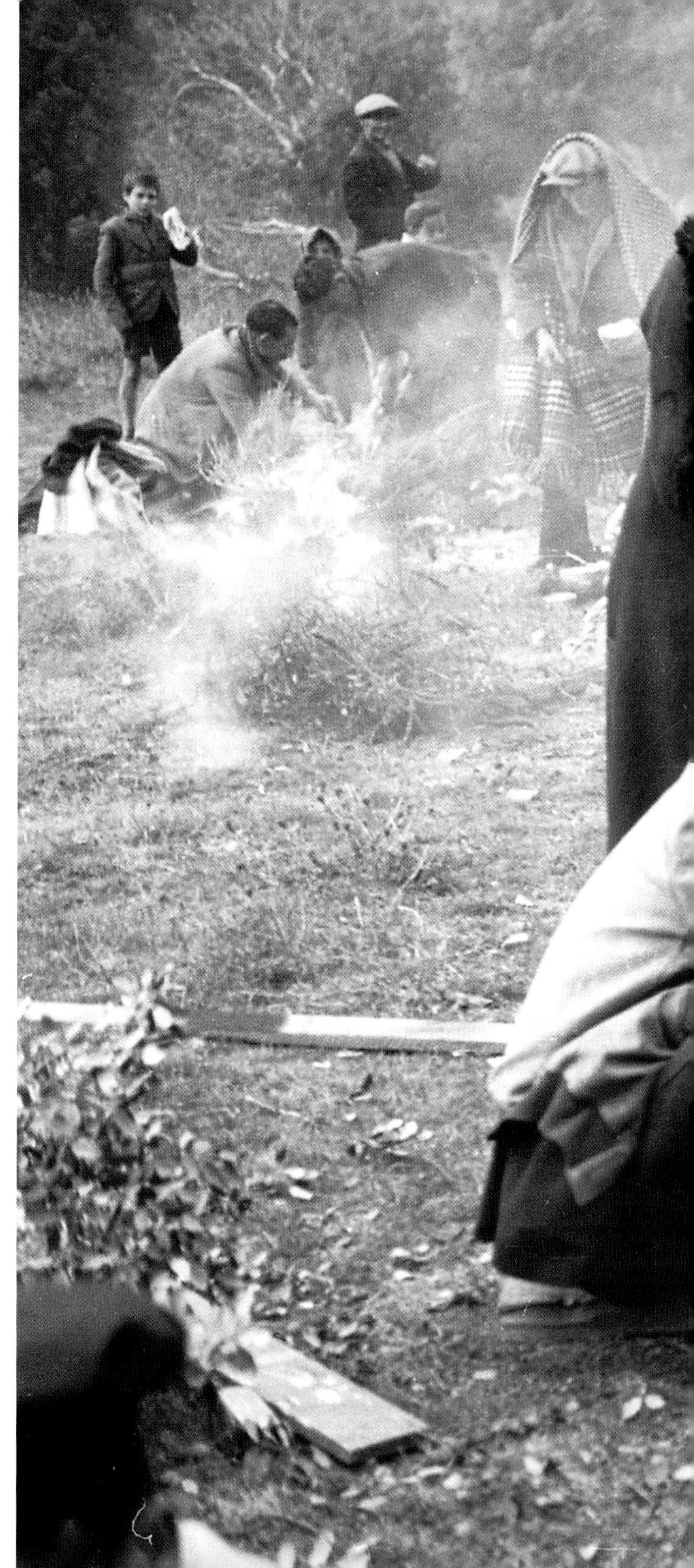

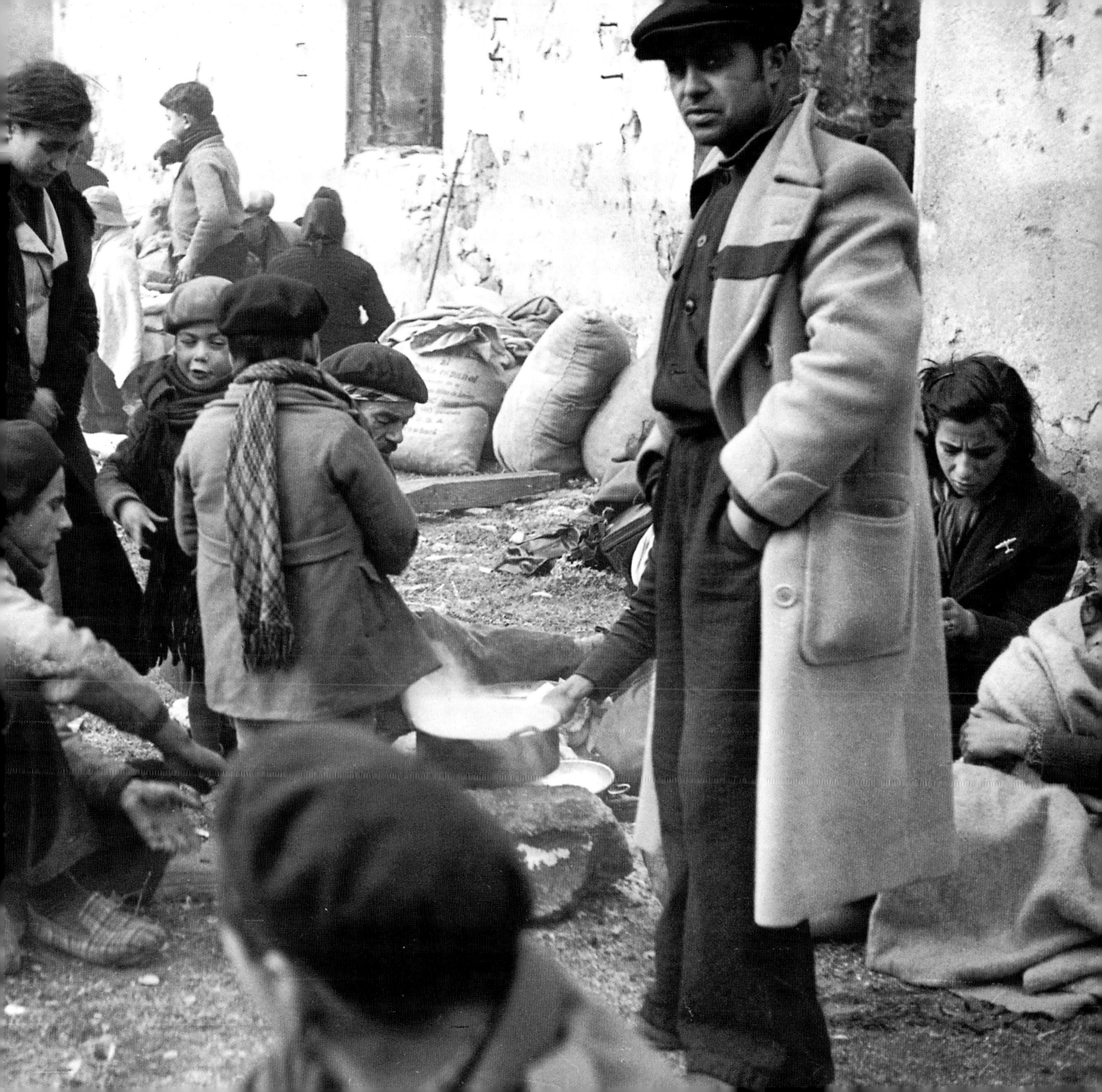

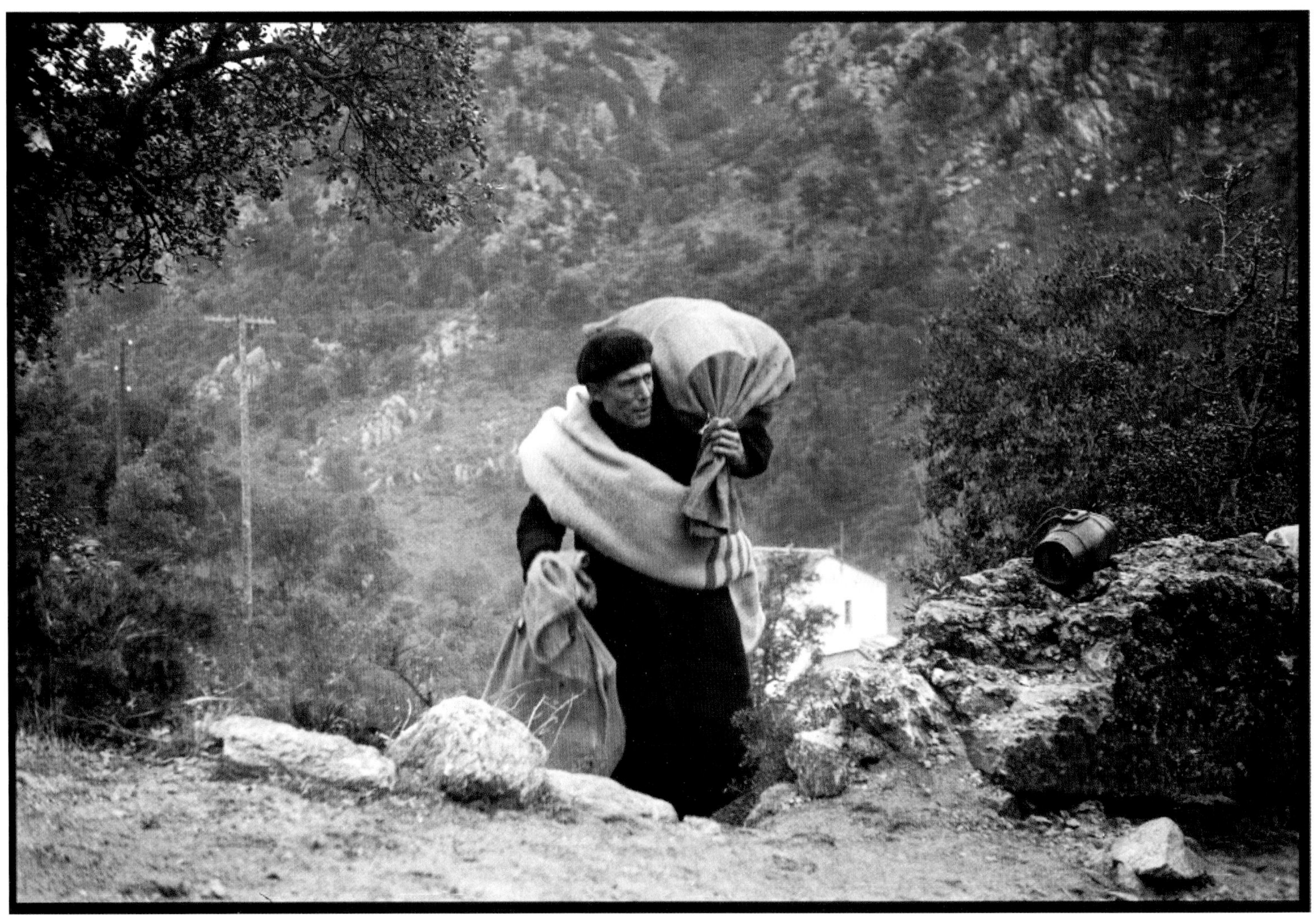

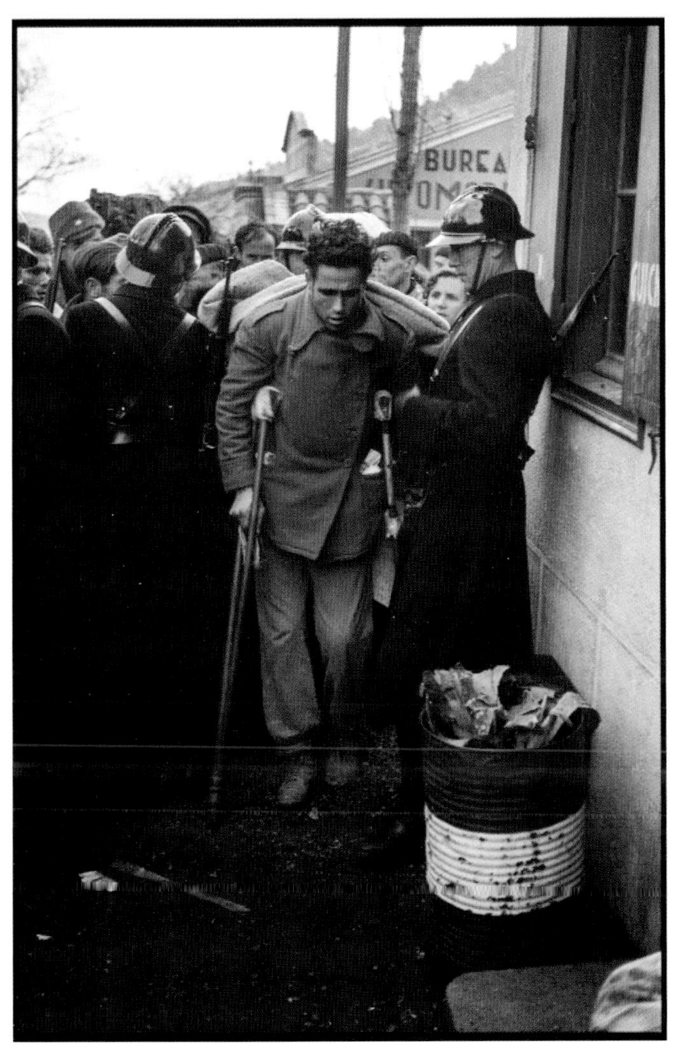
BUREA

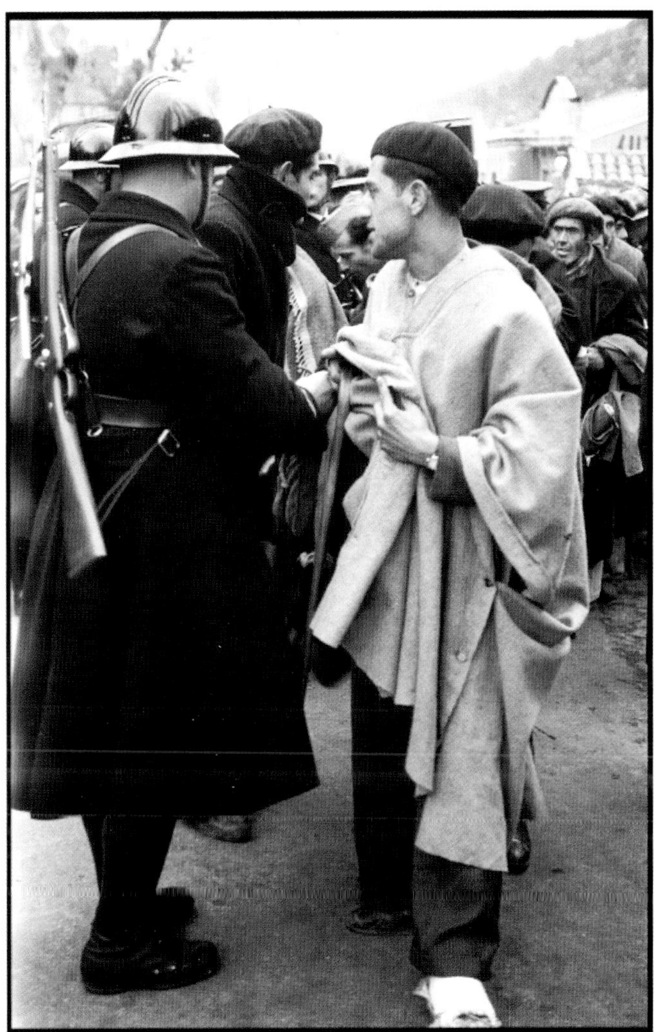

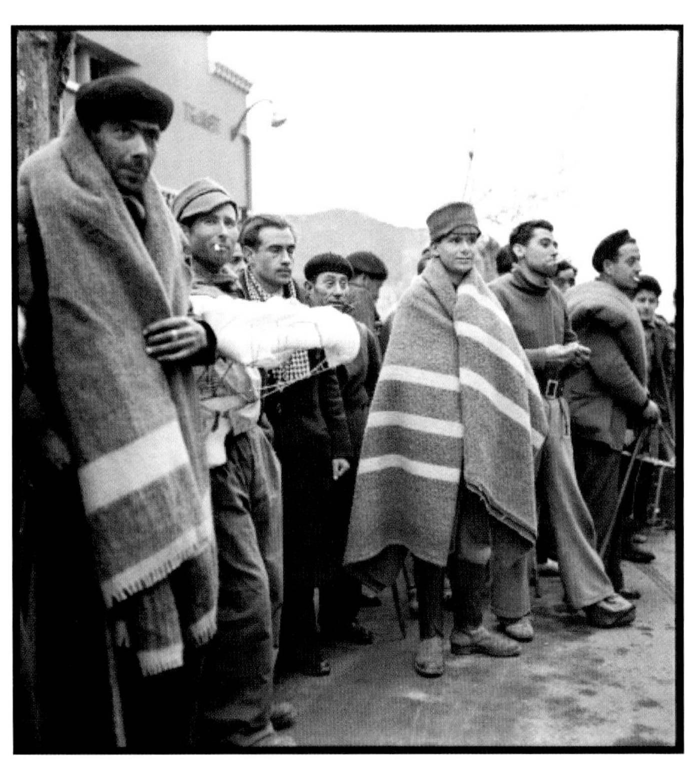

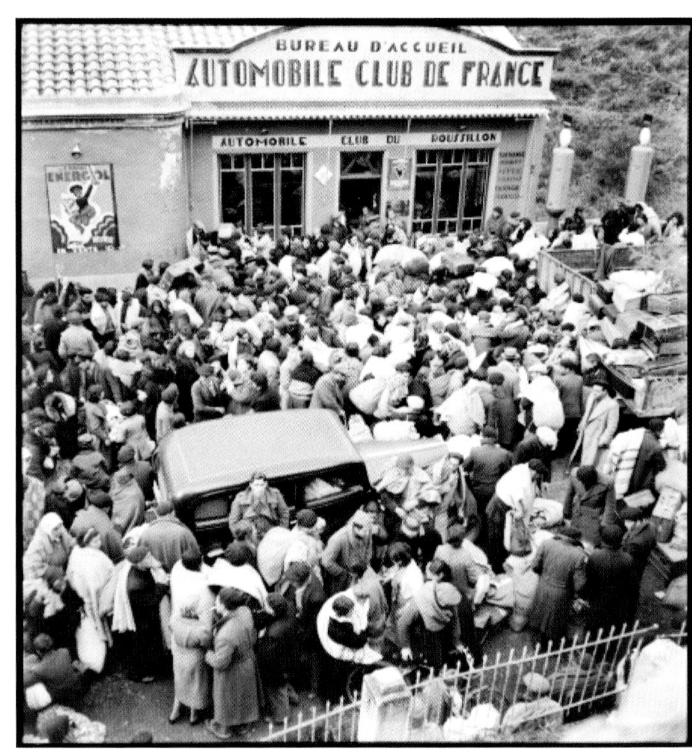
BUREAU D'ACCUEIL
AUTOMOBILE CLUB DE FRANCE
AUTOMOBILE CLUB DU ROUSSILLON

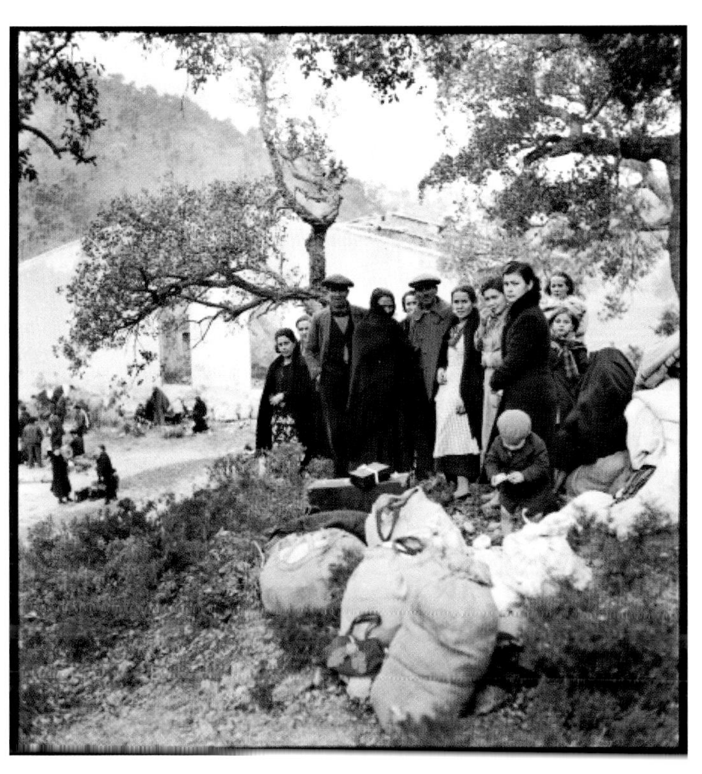

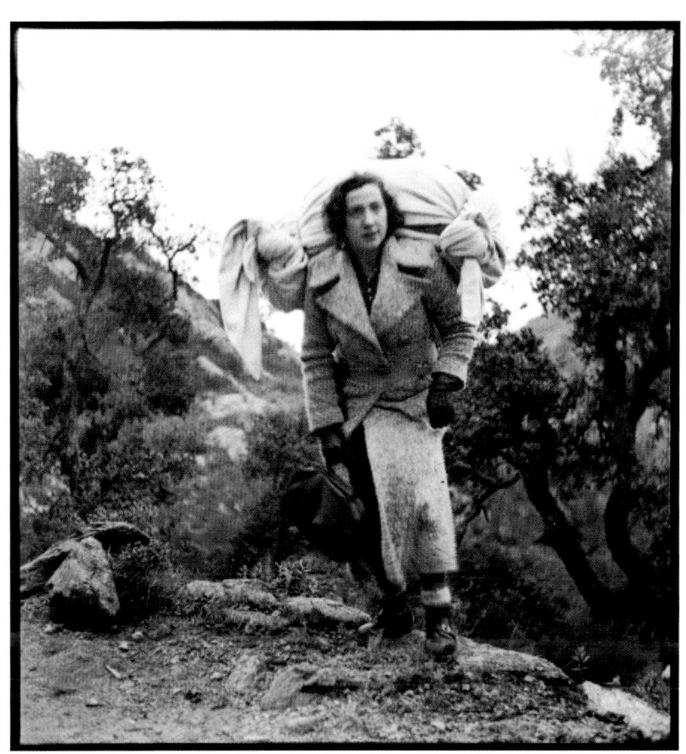

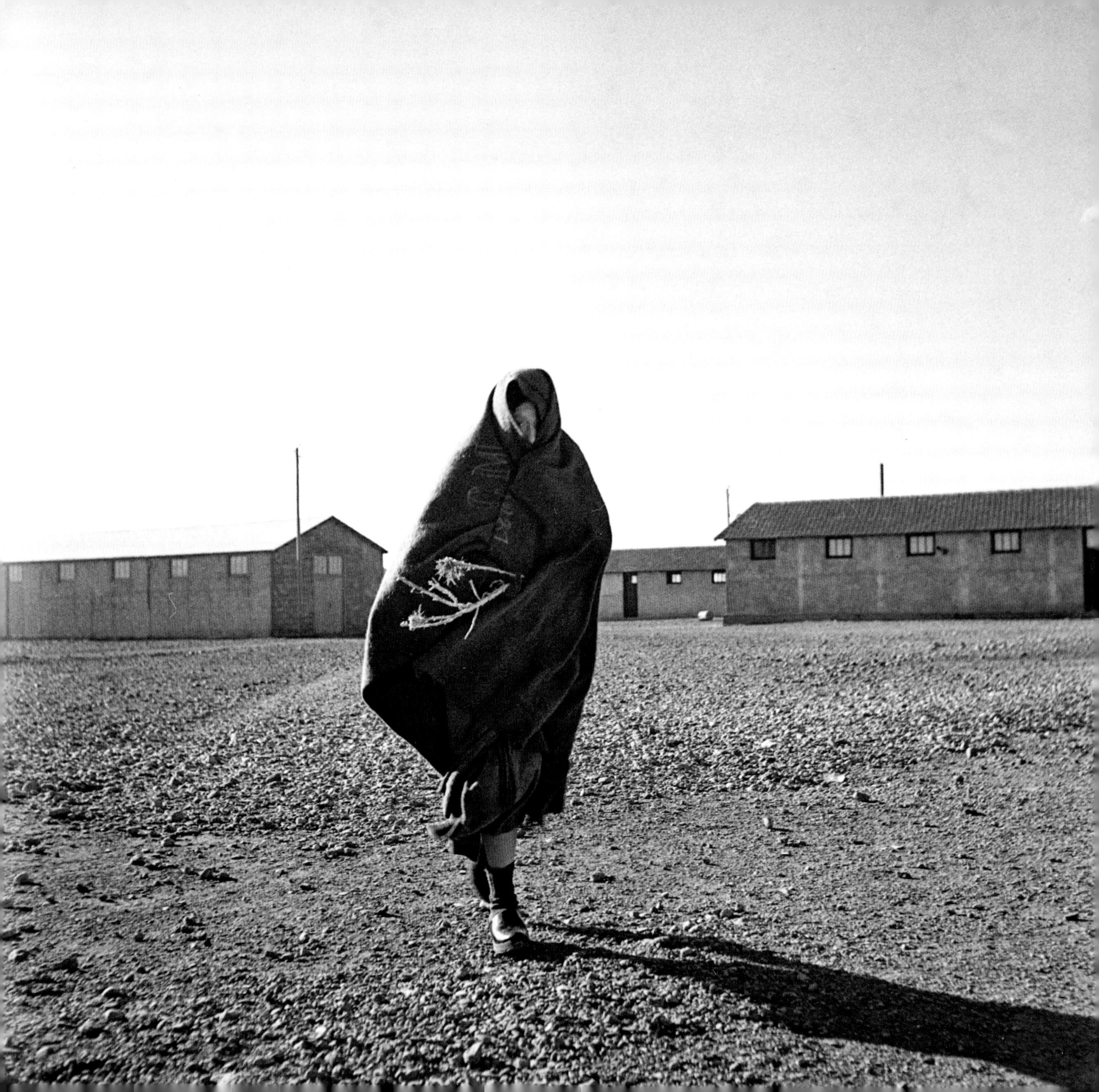

HAMBRE, MISERIA Y DOLOR EN RIVESALTES

Bajo el título «Si eres un ser humano... siente mi aflicción», la Schweizer Illustrierte Zeitung publica, el 25 de febrero de 1942, cinco páginas sobre el viaje de Paul Senn a Francia, con el siguiente prólogo de la redacción: «Poco antes de fin de año solicitamos a nuestro reportero Paul Senn que preparara un viaje por Francia para visitar orfanatos y campos de refugiados gestionados por la cooperación suiza. Nuestro colaborador emprendió viaje, con la autorización explícita del gobierno francés, el 3 de enero, cruzó Ginebra, Annecy y Lyon hasta Toulouse, donde se halla el cuartel general de la cooperación suiza y donde obtuvo valiosa información sobre el funcionamiento de la organización de Socorro suizo a los niños. Desde Toulouse se desplazó a Le Récébédou, Narbona, Rivesaltes y Elna. Hoy presentamos lo que Senn vivió y captó con su cámara en el transcurso de este memorable periplo de treinta días. Documentos terribles, sobrecogedores y demoledores que ponen en entredicho nuestra supuesta «penuria», nuestra pretendida situación de urgencia. Mírense objetivamente, por una vez, ante el espejo y comparen después nuestras imágenes bien llenas con esos rostros demacrados y vacíos en los que el destino ha inscrito —o, mejor, grabado—, con brutal precisión, la dolorosa historia de la guerra. Nos daremos cuenta de hasta qué punto seguimos viviendo bien. ¡Prestemos auxilio a estas víctimas inocentes de la guerra! Cada niño que, gracias a nuestra acción, sea rescatado del hambre no es una fracción de desgracia, sino una persona de pleno derecho. ¡Salvar a cada uno de ellos justifica todos y cada uno de los esfuerzos!». (Schweizer Illustrierte Zeitung, 25 de febrero de 1942).

El campo de Rivesaltes contaba con unos ciento cincuenta barracones, distribuidos en siete manzanas. Los detenidos no podían desplazarse entre ellas y los hombres estaban separados de las mujeres y los niños. Abierto en enero de 1941, el campo albergó, en condiciones tremendas, a 17.500 personas: más de la mitad eran españolas; un 7 %, gitanas; y un 40 %, judías extranjeras. Los testimonios acreditan condiciones de vida espantosas: hambre, malos tratos, etc. Las imágenes de Paul Senn constituyen un testimonio de desesperación inmensa. Afortunadamente, las organizaciones de socorro fueron autorizadas a permanecer en el campo para mitigar la miseria. Además del Socorro suizo, estuvieron presentes La Cimade (Comité Inter-Movimientos de Ayuda a los Evacuados), los cuáqueros estadounidenses y la OSE (Obra de Socorro a la Infancia).

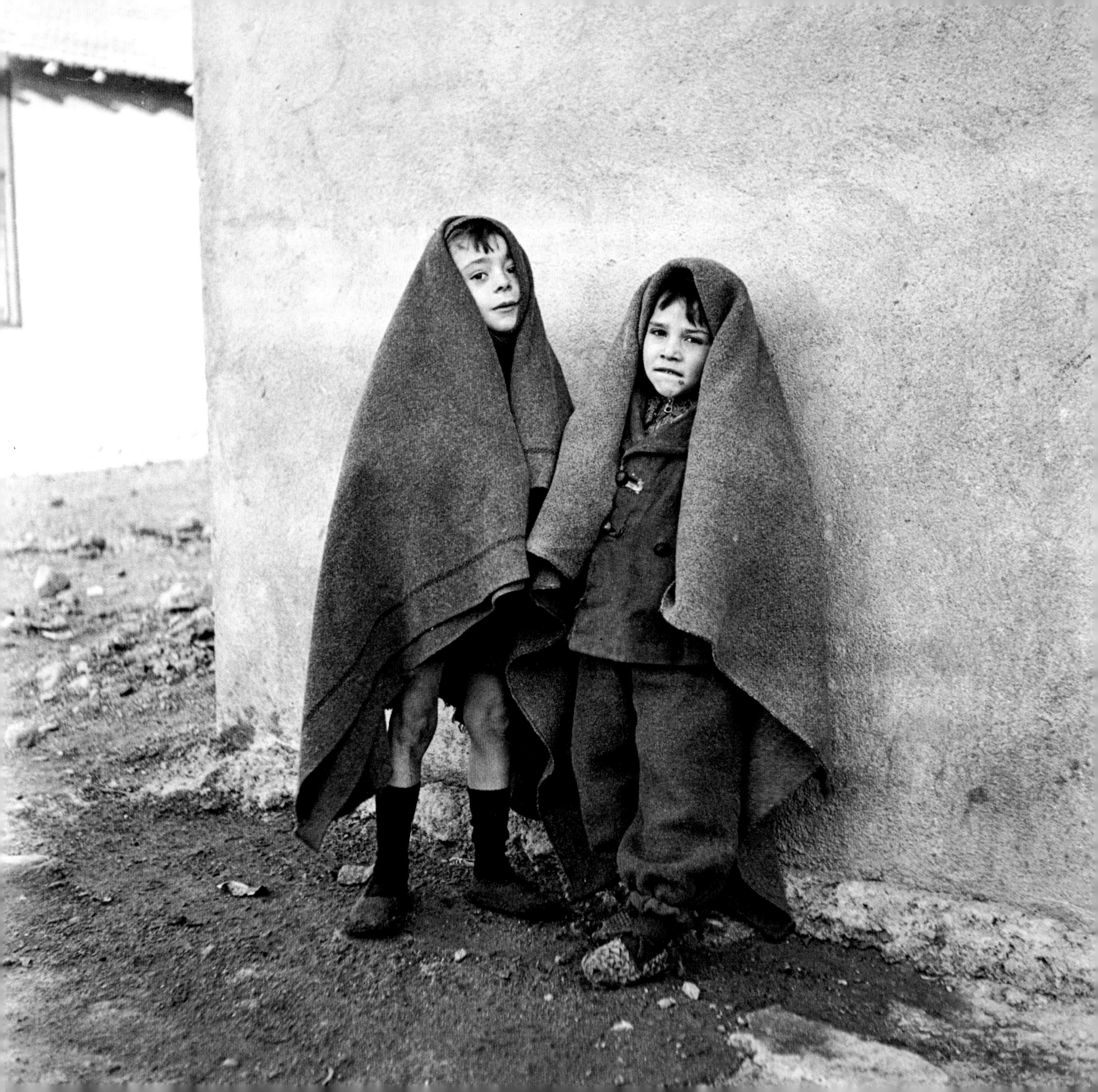

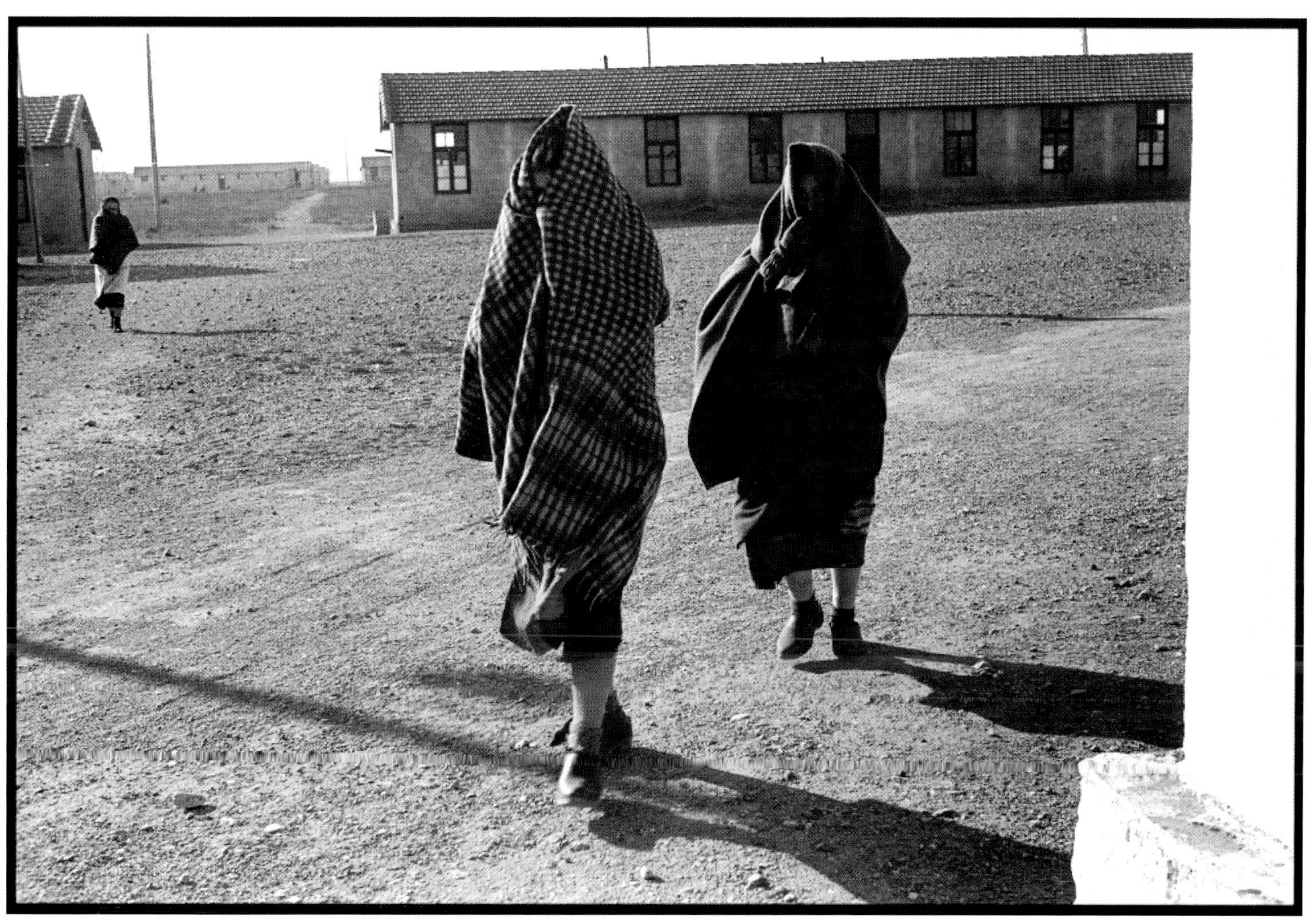

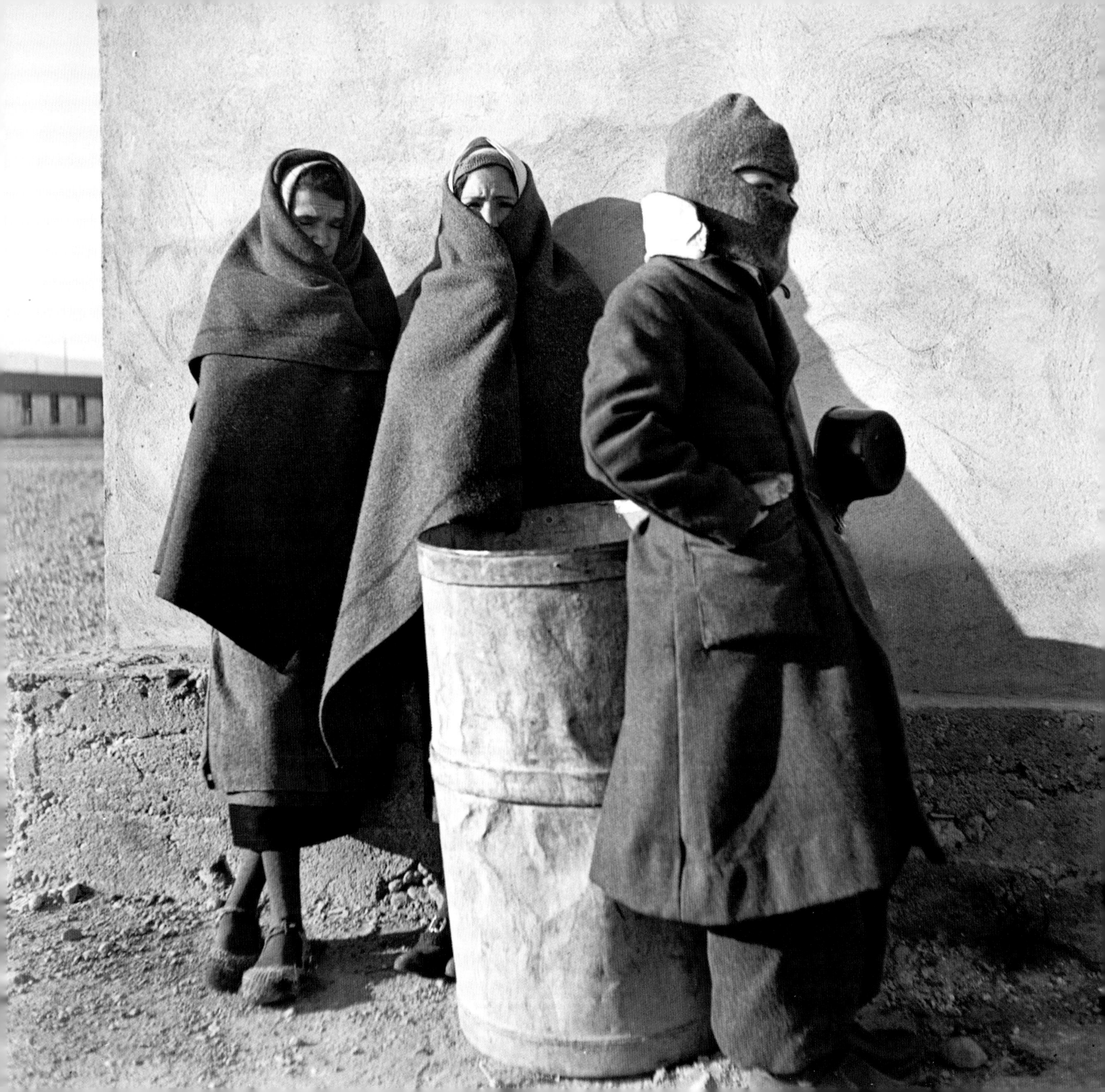

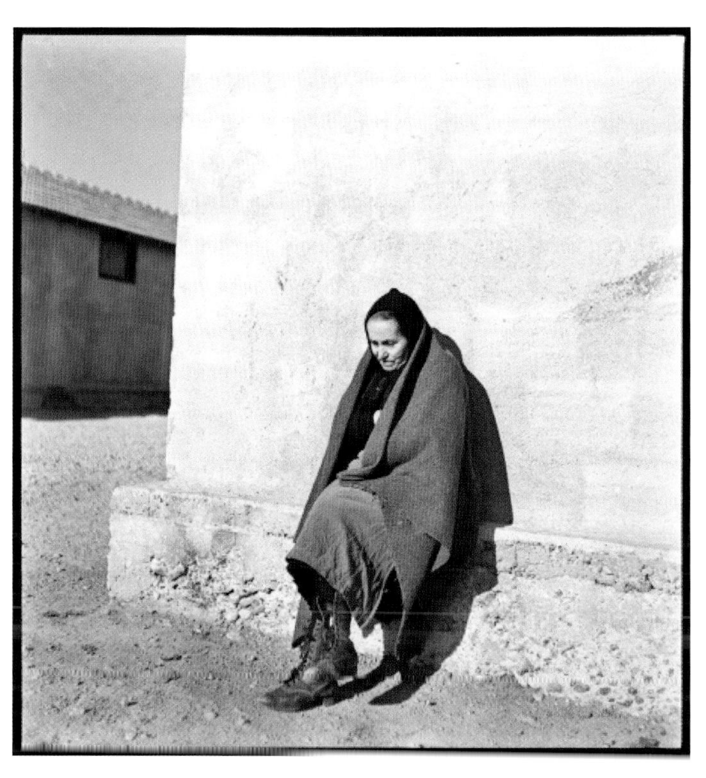

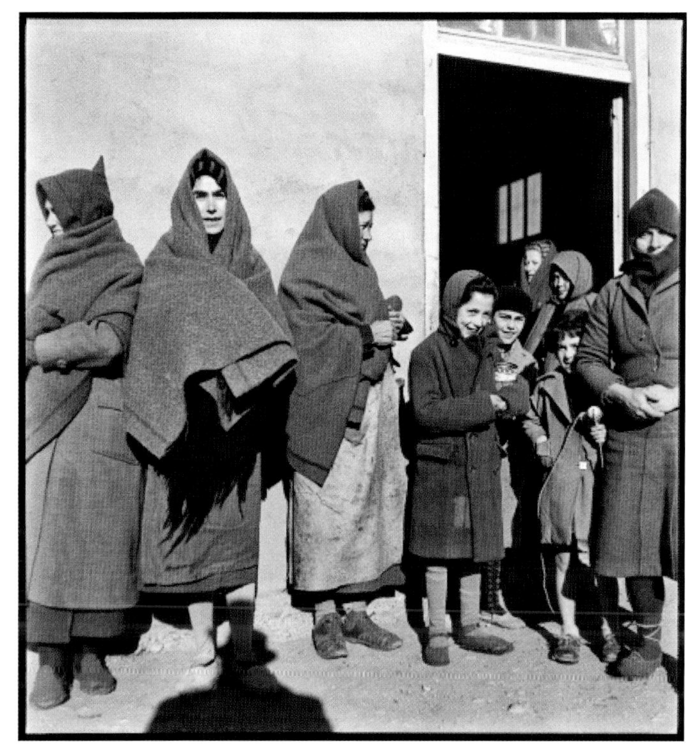

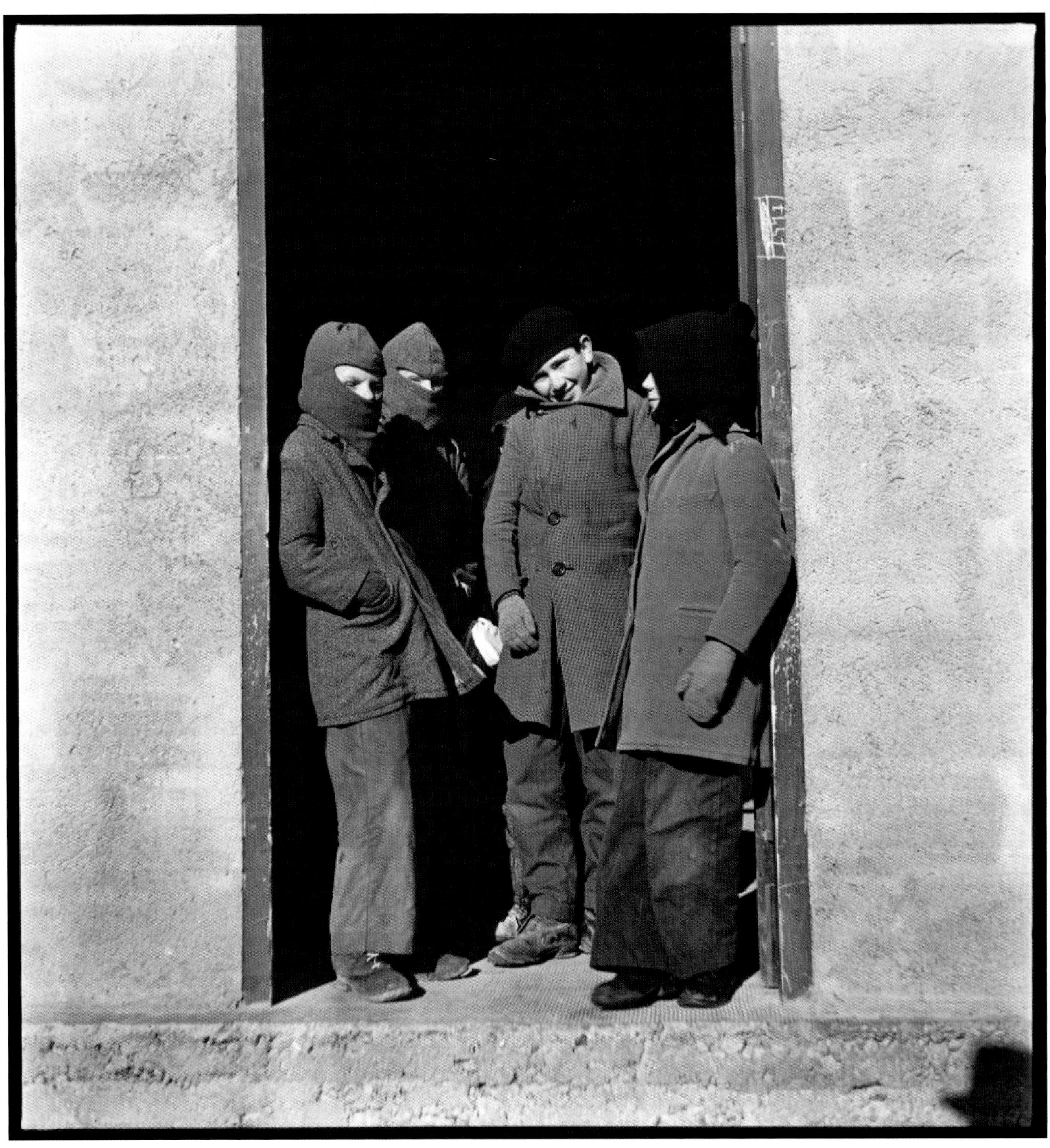

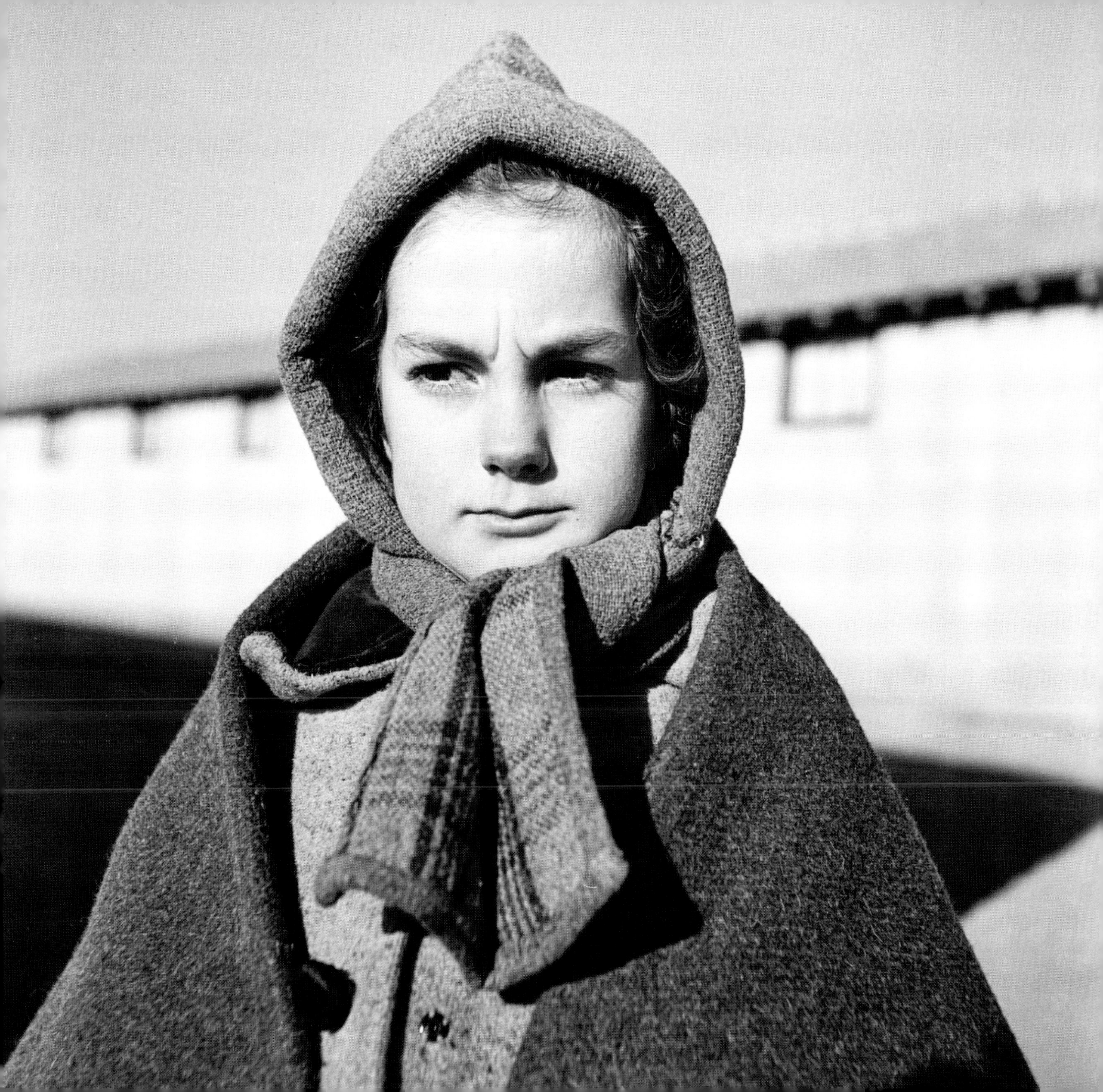

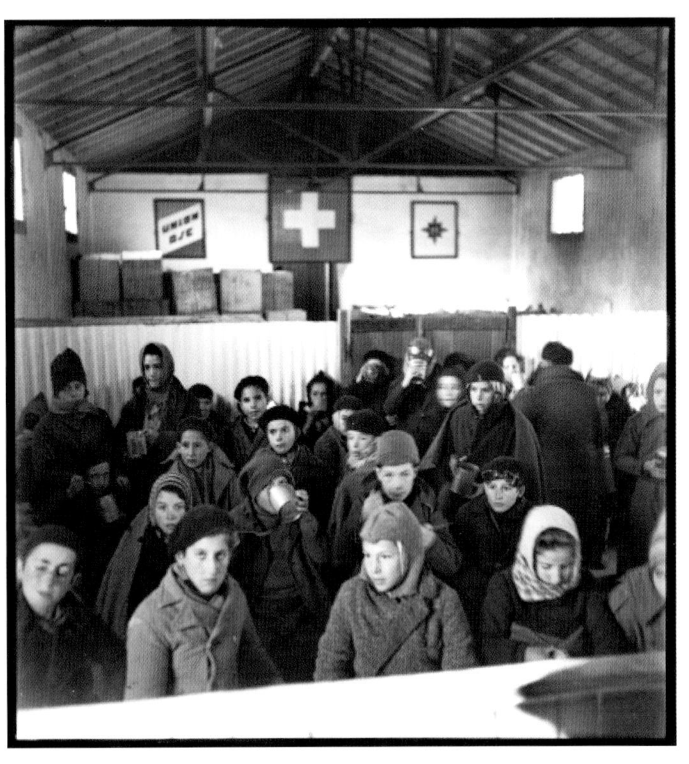

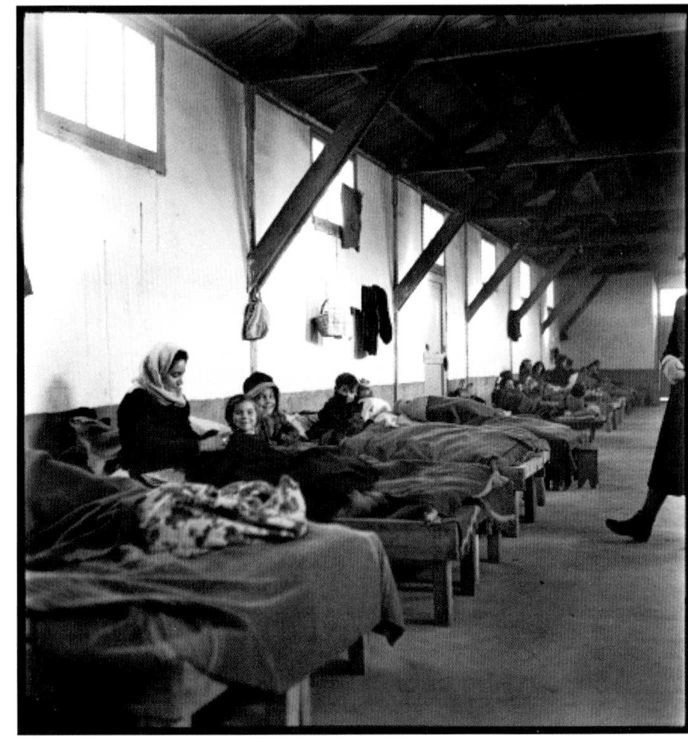

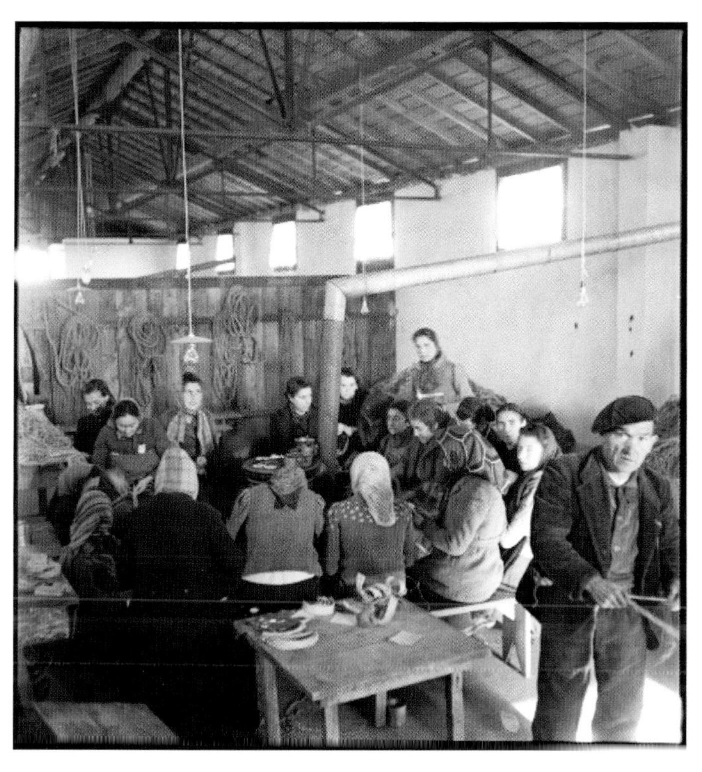

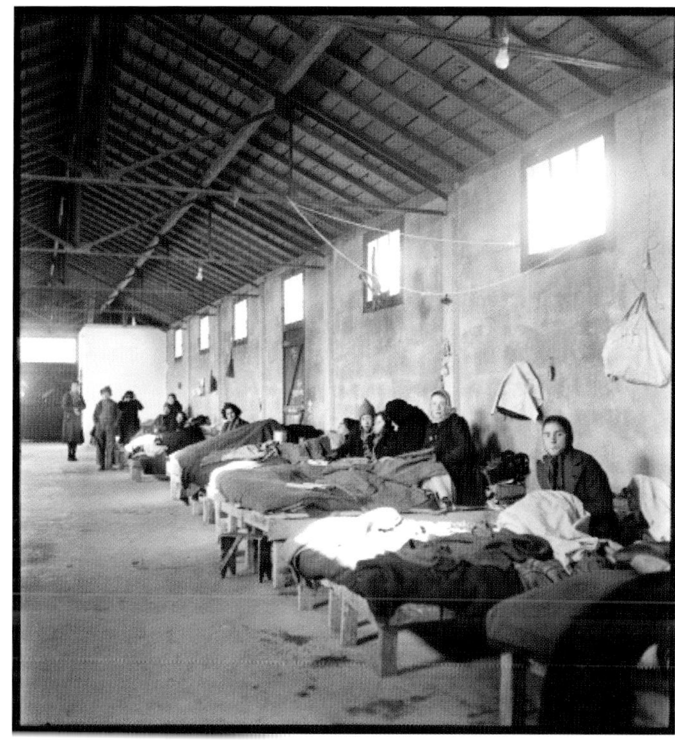

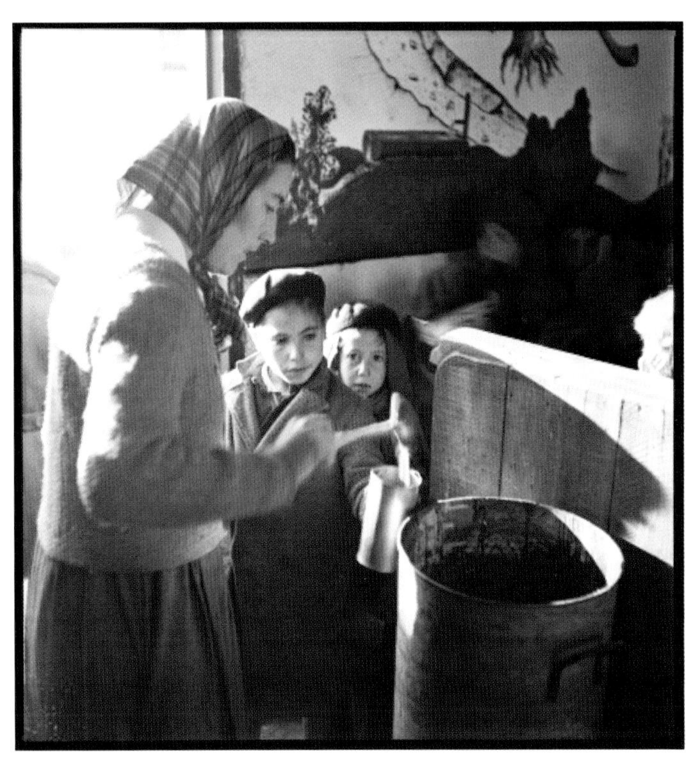

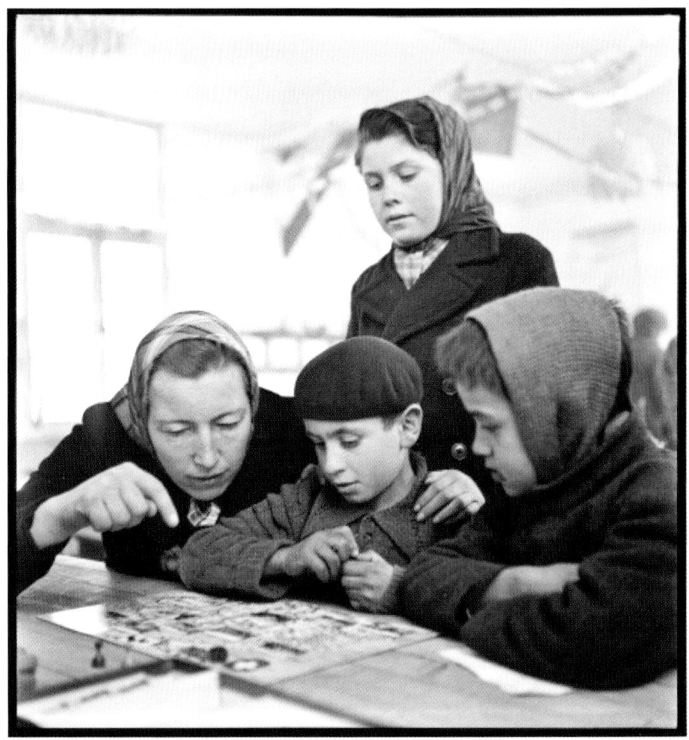

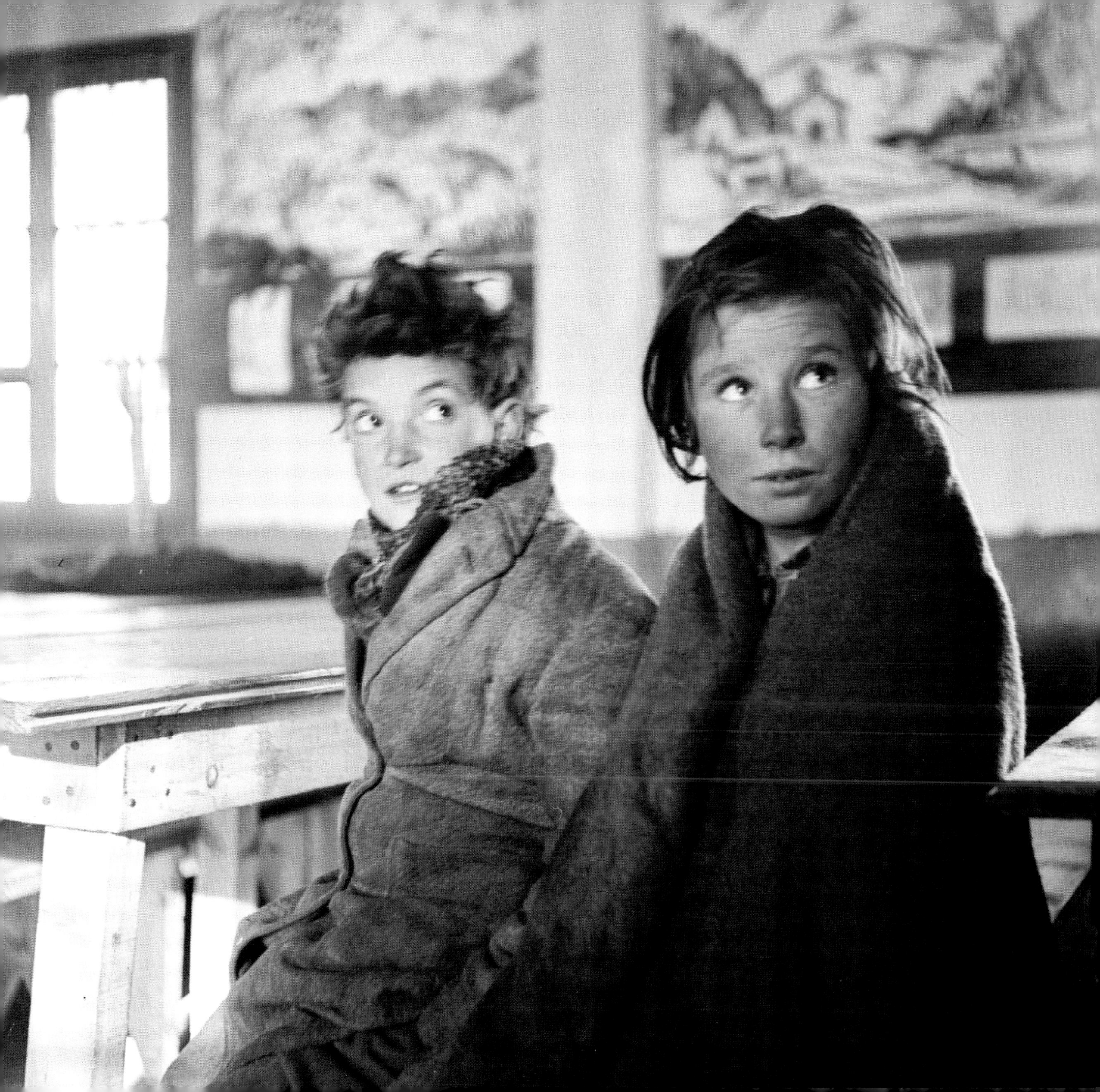

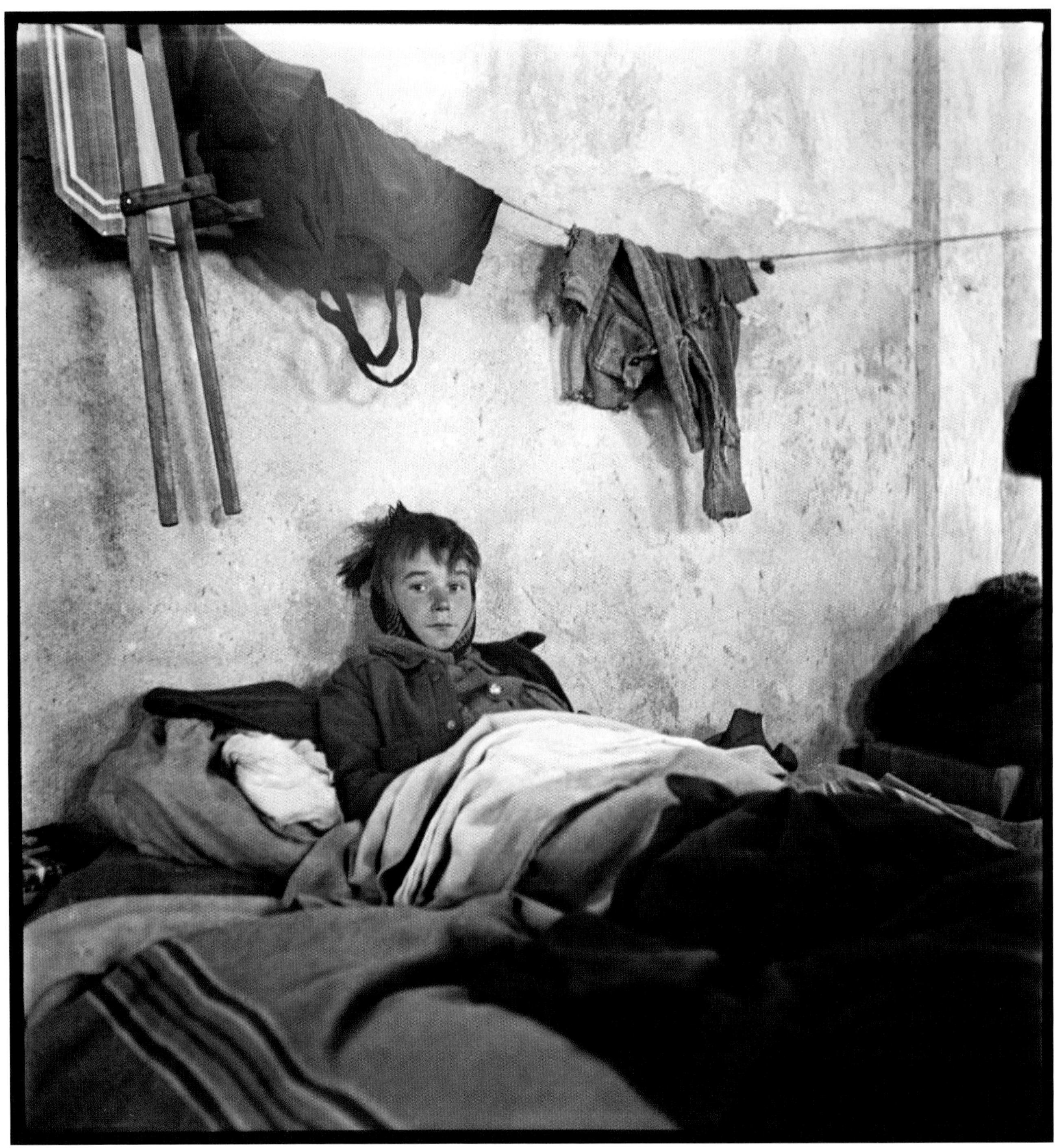

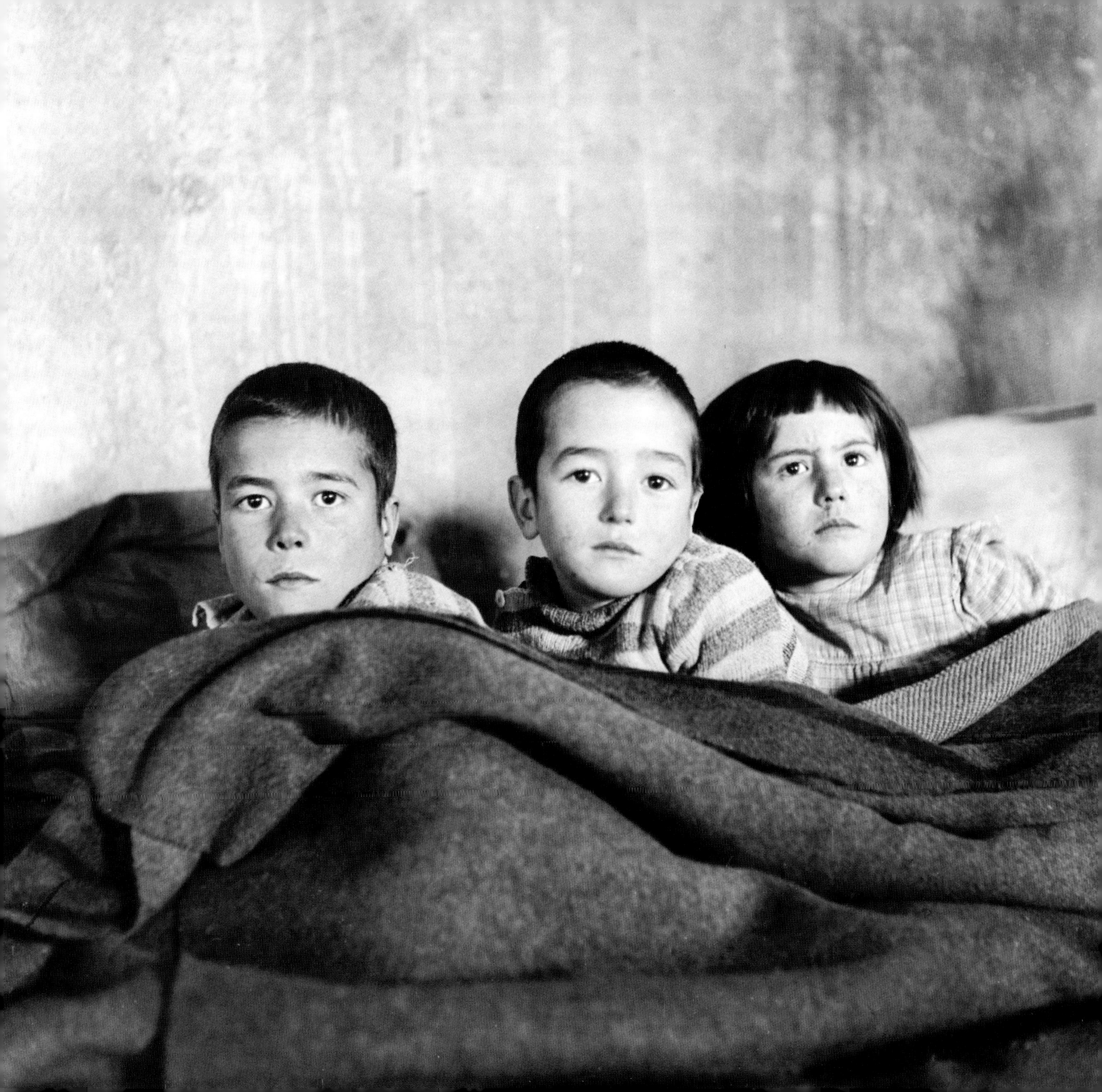

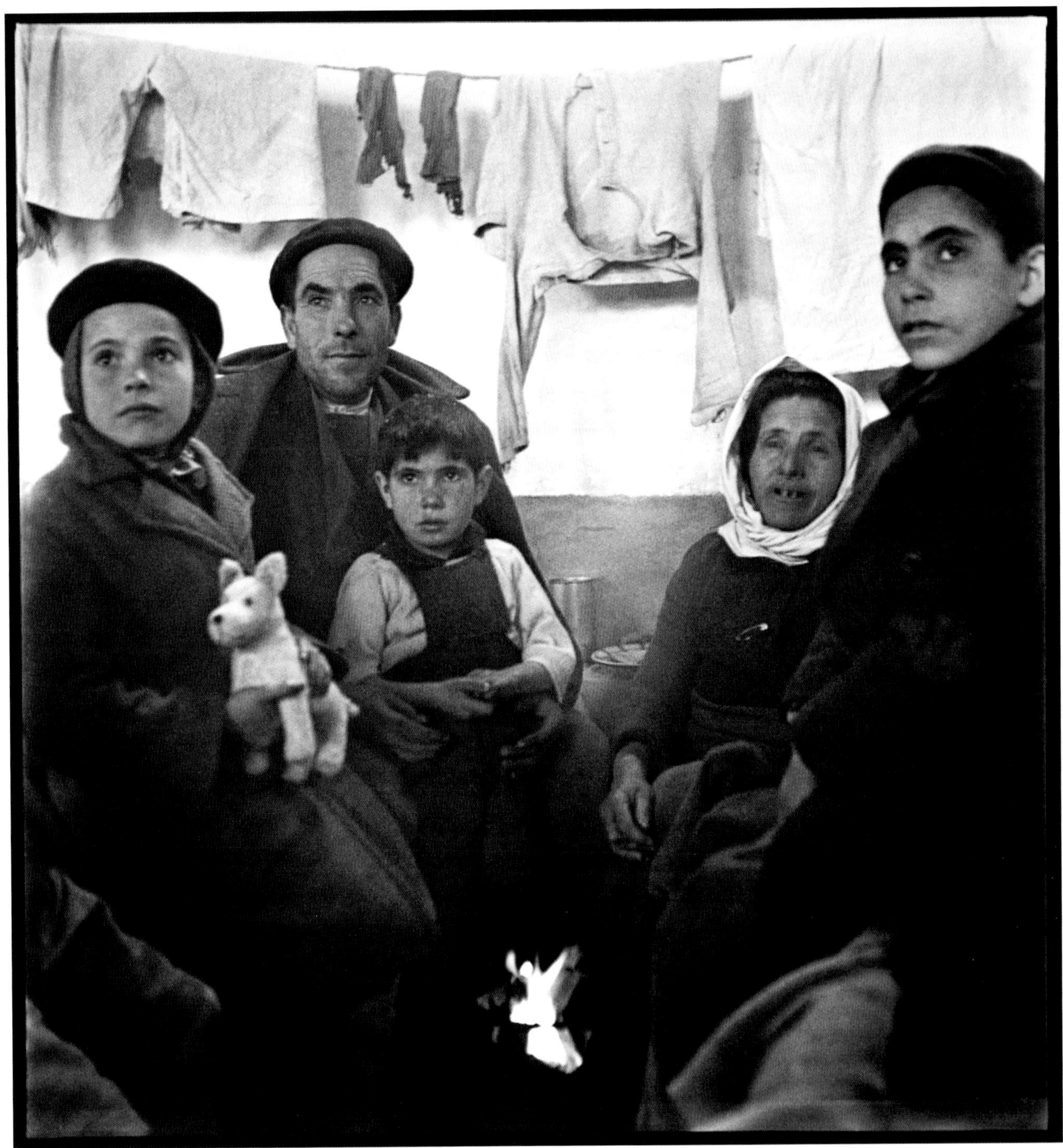

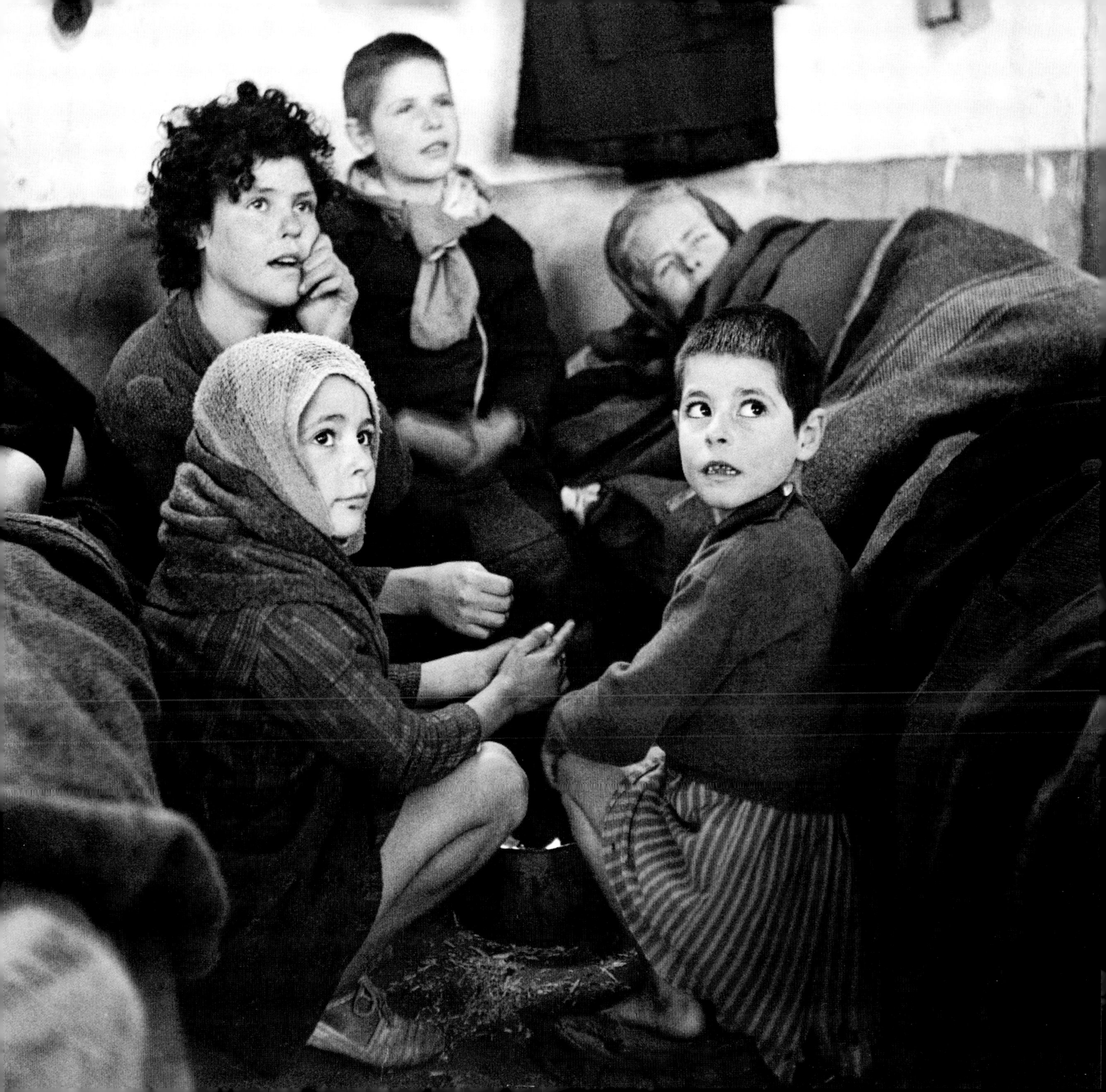

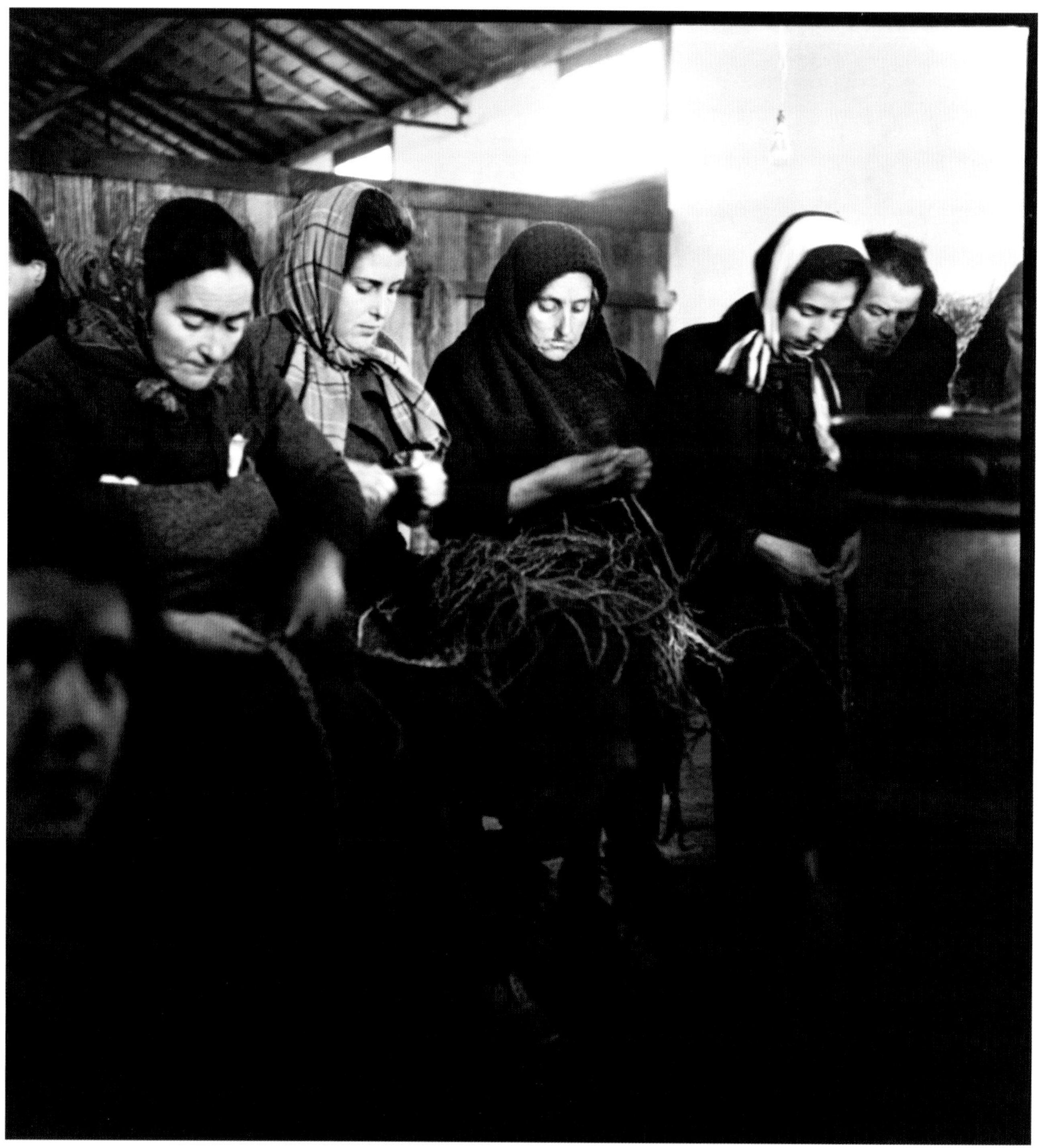

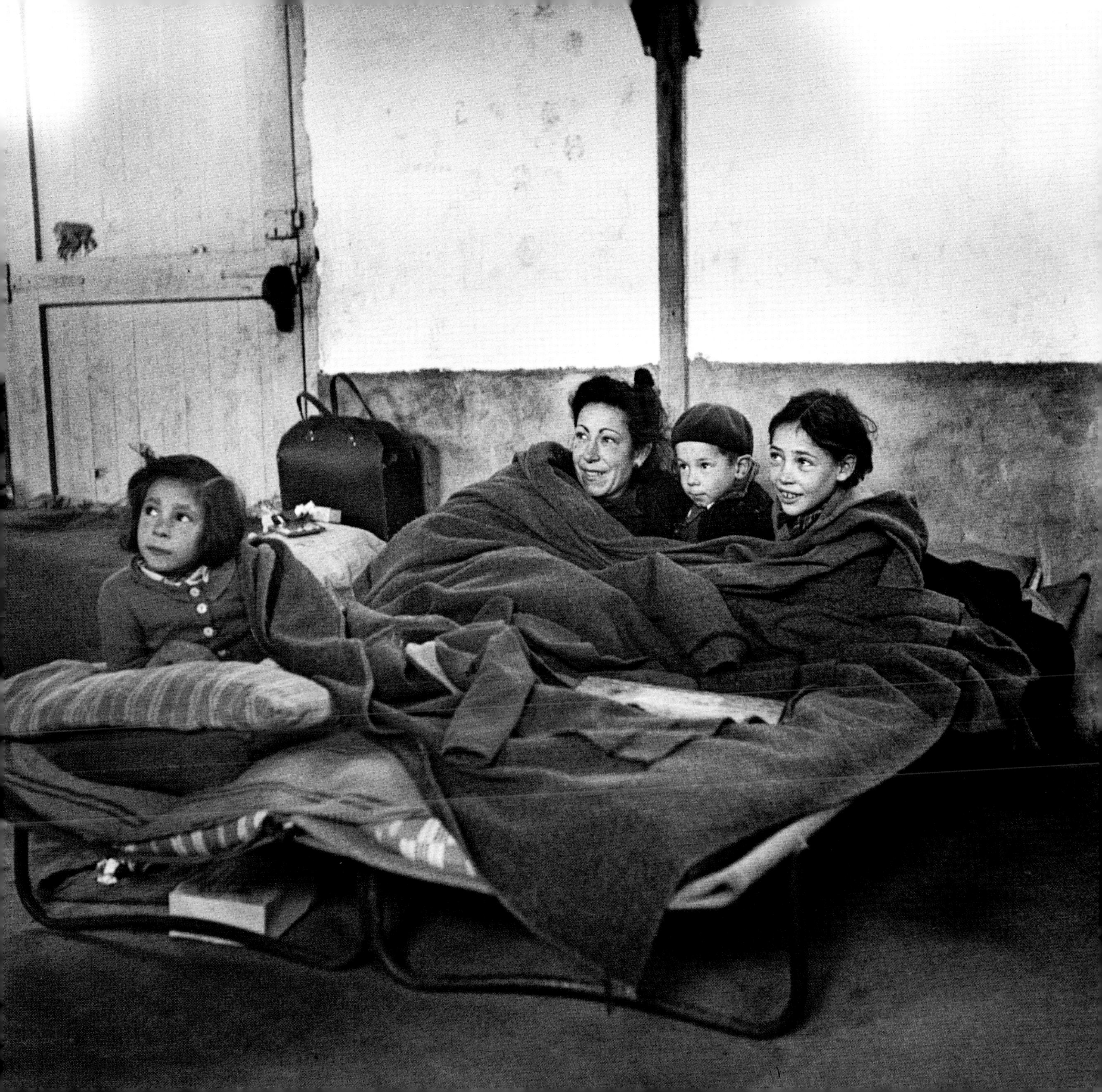

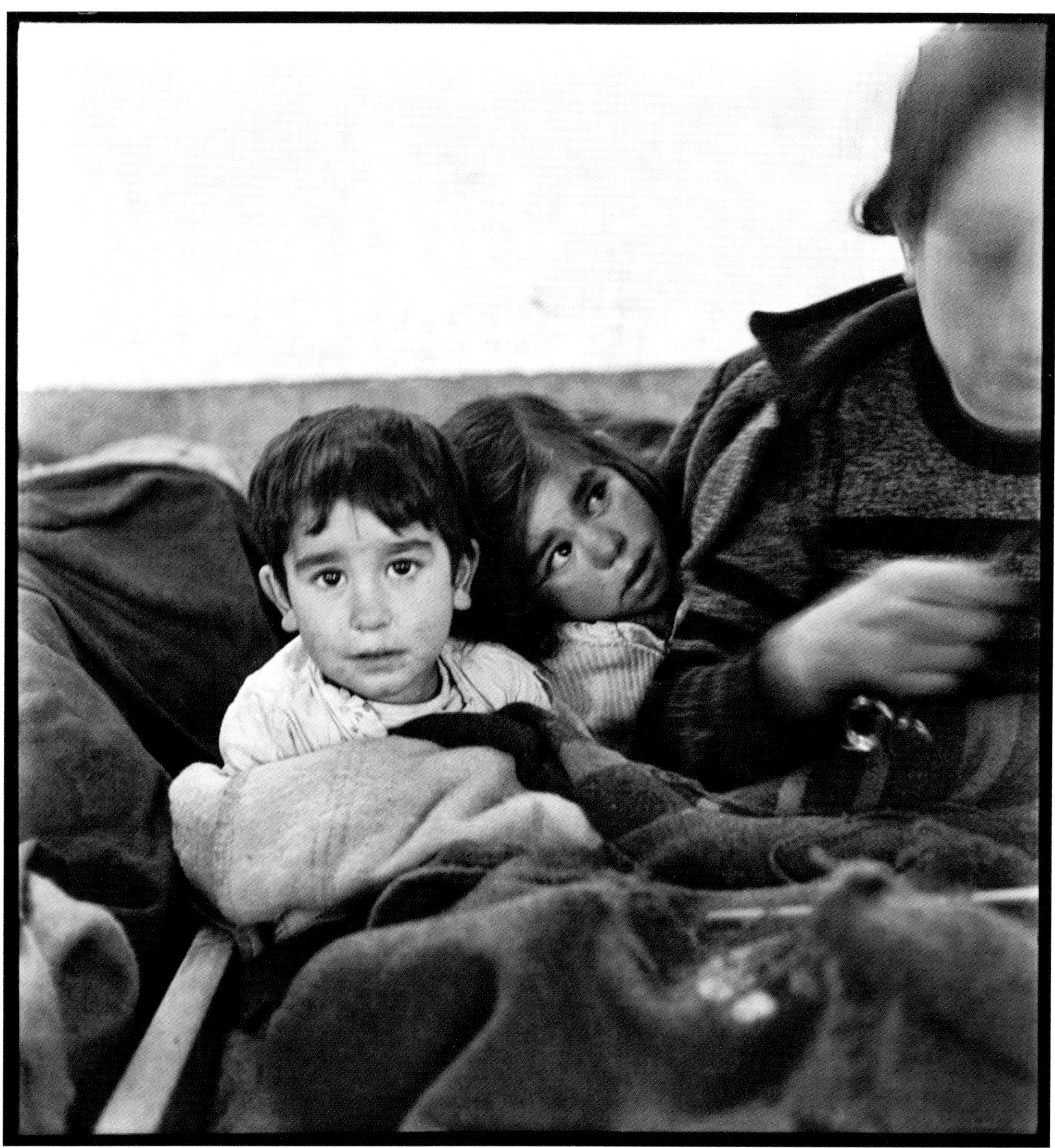

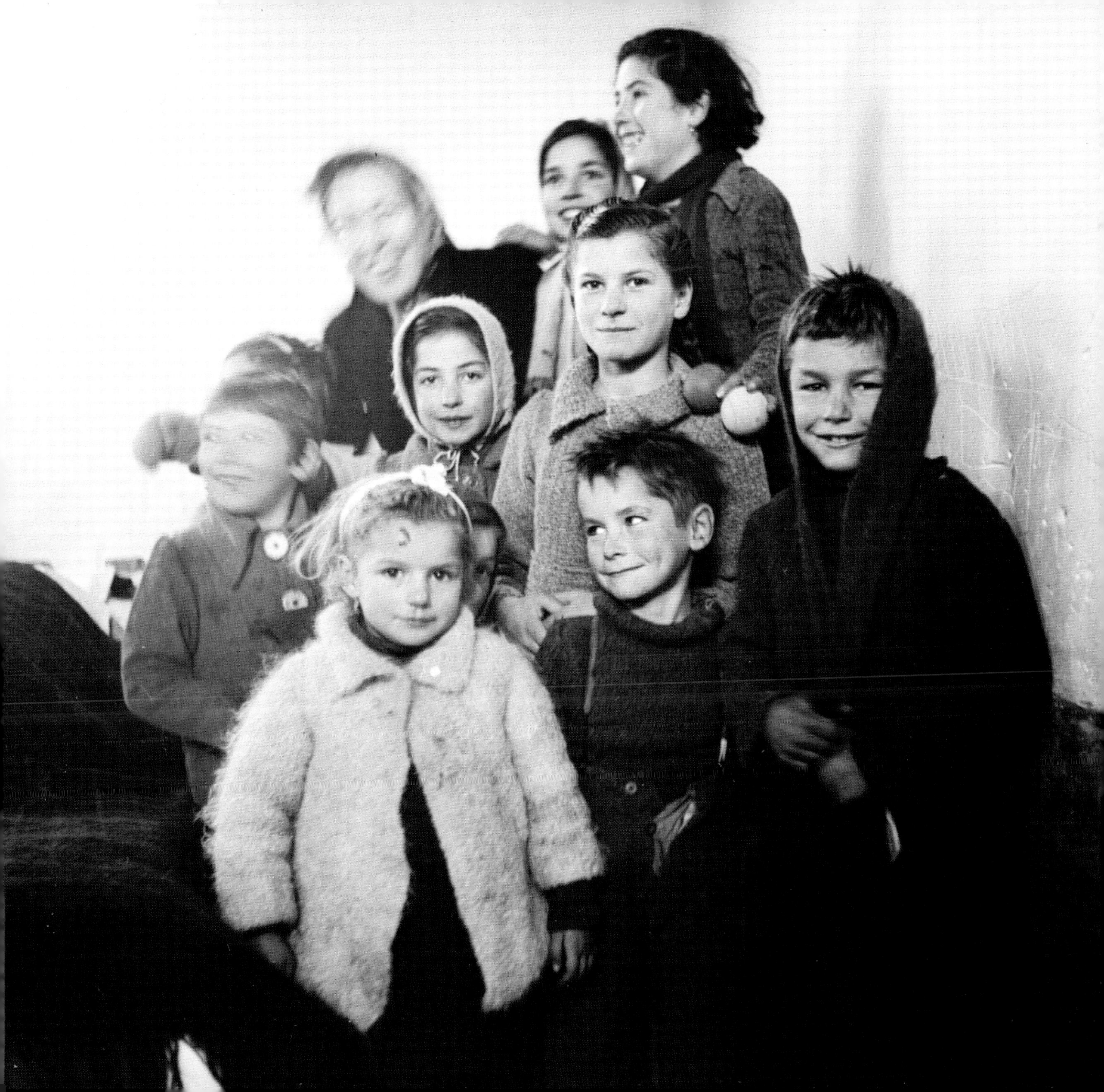